DUMONTS KLEINES LEXIKON

ROMANTISCHER GARTEN

Gestaltung · Anlage · Pflanzenauswahl

W. T. Wehmayer & Hermann Hackstein

Edition
DÖRFLER

Alle in diesem Buch enthaltenen Angaben, Vorschläge etc. wurden von den Autoren nach bestem Wissen erstellt und von ihnen und dem Verlag mit größtmöglicher Sorgfalt überprüft. Gleichwohl sind inhaltliche Fehler nicht vollständig auszuschließen. Daher erfolgen die Angaben etc. ohne jegliche Verpflichtung oder Garantie des Verlags oder der Autoren. Eine Haftung der Autoren und des Verlags für Personen-, Sach- und Vermögensschäden ist ausgeschlossen.

Konzeption und Realisation: Medien Kommunikation, Unna

Im Internet finden Sie unser Verlagsprogramm unter:
www. edition-doerfler.de

Inhalt

Vorwort

Mit Liebe gestalten

Einen romantischen Garten – wer wünscht sich den nicht! Doch was genau ist ein romantischer Garten? Eine feststehende Definition gibt es jedenfalls nicht. Vielmehr geht es um ein Gefühl, das man empfindet, wenn man manche Gärten betritt.

Etwas prosaisch ausgedrückt könnte man sagen: Romantische Gärten berühren die Seele. Sie lösen tiefe Empfindungen von Naturverbundenheit, Ruhe und Schönheit aus. Flora und Fauna lassen sich hier – im Gegensatz zu anderen Gärten – ganz unmittelbar spüren und erleben.

Zugleich lösen romantische Gärten offensichtlich Erwartungen ein, die wir unformuliert und unausgesprochen in uns tragen, wenn wir Gärten betreten. Welche Erwartungen dies genau sind, ist sicherlich von Mensch zu Mensch ganz unterschiedlich – und das macht es auch so schwer, eine einheitliche Definition eines romantischen Gartens zu formulieren.

Ganz entscheidenden Einfluss haben sicherlich die Gestaltung und die Pflanzenauswahl. Für beides gilt: Je natürlicher, vielfältiger und abwechslungsreicher sie ausfallen, desto eher entspricht der Garten dem romantischen Idealbild.

In dieses Lexikon ließe sich so letztlich jede Pflanze aufnehmen, die in der Natur gedeiht. Gleichwohl gibt es eine Reihe von ihnen, die in einem romantischen Garten einfach nicht fehlen dürfen, wie z.B. die Rosen. Und: Das Urbild des romantischen Gartens ist für viele Menschen mit dem eines Bauerngartens verbunden, der vor allem von blühenden Stauden und Sommerblumen geprägt ist. Und deshalb liegt der Schwerpunkt dieses Buches auch auf genau diesen Gewächsen.

Dieses kleine Lexikon kann und will so nicht den Anspruch auf eine vollständige Pflanzenliste erfüllen. Vielmehr geht es um Anregungen und Pflanzvorschläge bei der Grundgestaltung eines romantischen Gartens – nicht mehr und nicht weniger.

Bei der Gestaltung kommt es dabei nicht allein auf die grundlegende Aufteilung von Pflanzzonen, Wegen oder freien Flächen an, sondern vor allem auch auf Accessoires und Details. Erst zusammen mit den Pflanzen ergibt sich so ein Bild, das die Gefühle im Betrachter zum Klingen bringt.

Großen Einfluss hat dabei die Liebe, mit der man sich des Gartens annimmt. Denn diese spürt jeder unmittelbar, wenn er einen Garten besucht. Wenn Sie diese Liebe empfinden und leben, ist es so nur noch ein kleiner Schritt, bis auch Ihr Garten wirklich romantisch ist.

Der Garten der Gefühle

Mit allen Sinnen erleben

NATUR UNMITTELBAR SPÜREN

Die Romantik eines Gartens zu erleben – das bedeutet zu allererst, ihn mit den Sinnen intensiv zu spüren. Hier wird das Auge von der Schönheit der Natur gefesselt, von der Farbenpracht der Blüten, den vielfältigen Formen der Blätter, dem abwechslungsreichen Bild unterschiedlicher Gewächse. Daneben fangen liebevoll ausgewählte Accessoires und schöne Details den Blick.

Auch unser Geruchssinn wird unmittelbar angesprochen. Frische Luft durchzieht unsere Lungen. Verschiedene Blüten betören uns mit ihren feinen Düften. Und der Geruch von frischem Gras oder feuchter Erde rundet das Sinneserlebnis ab.

Der Garten animiert uns zudem, ihn zu ertasten und zu erfühlen: Ob barfuß über eine Wiese zu laufen, die Finger über Gräser und Farne gleiten zu lassen oder

einen alten Baum zu umfangen – es gibt unzählige Möglichkeiten, den Garten mit dem ganzen Körper zu spüren.

Auch das Gehör nimmt die Natur wahr: Das Rauschen von Blättern, das Plätschern eines Bachlaufs oder das Singspiel von Vögeln – ein romantischer Garten ist niemals wirklich still. Und wenn dann noch die Früchte von Sträuchern und Bäumen zum Naschen einladen, ist das Spektrum aller möglicher Sinneseindrücke komplett.

Angebote schaffen

Einen romantischen Garten zu gestalten, bedeutet so vor allem, den Sinnen Angebote zu verschaffen. Je vielfältiger und unmittelbarer die Sinne angeregt werden, desto besser. Für die Praxis bedeutet dies: Die einzelnen Zonen des Gartens sollten dicht gestaffelt und mannigfaltig ausgestattet sein. Vor allem die Pflanzbereiche sollten den Betrachter zu kleinen Entdeckungsreisen einladen und keinesfalls so übersichtlich angelegt sein, dass man alles mit einem Blick komplett erfassen kann.

Vorteilhaft ist, verschiedenste Pflanzen miteinander zu kombinieren: vom flachen Bodendecker bis zum hohen Baum, von der kleinen Sommerblume bis zum buschig wachsenden Kleingehölz, von der zierlichen Staude bis zur kräftigen Nutzpflanze: Im romantischen Garten wächst alles zu einem harmonischen Bild zusammen ohne sich gegenseitig zu stören.

Das bedeutet aber nicht, dass man zwangsläufig alle Grundsätze der Gartengestaltung über den Haufen werfen sollte und ein einziges Pflanzchaos herrschen lässt. So empfiehlt es sich beispielsweise selbst für eine wild-romantische Mischung, die Pflanzhöhen aufeinander abzustimmen – also kleinere Pflanzen nach vorn und höhere nach hinten zu setzen – oder auch bei den Blütenfarben der Gewächse darauf zu achten, dass diese miteinander harmonieren.

Natürlichkeit unterstreichen

Den so natürlichen Grundcharakter, den die scheinbar zusammengewürfelte Pflanzenmischung vermittelt, unterstreicht man mit möglichst natürlichen Gestaltungsmaterialien. So passt z.B. eine Bruchsteinmauer perfekt in einen romantischen Garten, während eine Pflasterung mit Waschbetonplatten den optischen Eindruck vehement stört.

Naturstein und Holz, aber auch andere Naturprodukte wie gebrannter Ton oder Kies, sind deshalb besonders geeignet, um beispielsweise den Garten einzuzäunen, Beeteinfassungen zu gestalten oder Terrassen und Wege zu belegen.

Entscheidende Bedeutung kommt auch der Linienführung zu. Grundsätzlich gilt es hier gerade Linien nach Möglichkeit aufzubrechen. Für das Anlegen von Wegen beispielsweise bedeutet dies, sie nicht gerade, sondern leicht geschwungen durch den Garten zu führen. Und Terrassen sollten nicht rechtwinklig angelegt werden, sondern z.B. in freier Form mit vielen Rundungen gestaltet sein. Vorbild dabei ist die Natur selbst, in der man so gut wie keine Geraden vorfindet. Man denke nur an Bachläufe, die sich mäandernd durch Wiesen oder Wälder schlängeln.

Vorteilhaft ist zudem, wenn Pflanzen die Trittzonen überlappen und beispielsweise dornenlose Gehölze oder auch breit auswachsende Blumen die Ränder von Wegen und Terrassen überragen. Das mindert den Eindruck von streng abgegrenzten Gartenbereichen, schafft sanfte Übergänge und harmonisiert die Gesamtgestaltung.

Der Romantikeindruck wird dabei noch unterstützt, wenn die Materialien eine leichte Patina angesetzt haben. Denn im Romantikgarten muss nichts wie geleckt wirken. Im Gegenteil: Alterserscheinungen stören nicht, sondern unterstreichen das natürliche Erscheinungsbild.

Gekonnter Stilmix

Gartenstile mischen

Zu den großen Vorteilen des Romantikgartens zählt, dass er nicht auf einen bestimmten Stil festgelegt ist. Sicherlich: Die Gestaltungselemente eines modern ausgerichteten Gartens mit seinen klaren Linien sind hier fehl am Platz. Aber ganz gleich, ob man Elemente aus dem Stein- oder dem Wassergarten, dem klassischen Bauern- oder Nutzgarten, dem formalen Garten oder dem Wildgarten heranzieht – im richtigen Mix vereinen sie sich im Romantikgarten zu einer harmonischen Einheit.

Beim Stilmix kommt es zunächst darauf an, dass keiner der verwendeten Gartenstile ein zu großes optisches Übergewicht erhält und damit den Gesamteindruck zu stark prägt. Dazu ein Beispiel: Ein kleiner Gartenteich mit Bachlauf kann ein wunderbar bereicherndes Element im Romantikgarten sein. Wenn der Teich aber zu groß ausfällt und den Garten somit optisch dominiert, ist dies der angestrebten Ausstrahlung eines Romantikgartens nicht förderlich. Gleiches gilt beispielsweise auch für zu große oder zu dicht gesetzte Findlinge aus dem Steingarten.

Sensibel kombinieren

Ein weiteres wichtiges Kriterium ist, inwieweit sich die Elemente der unterschiedlichen Gartenstile der Grundgestaltung des Romantikgartens anpassen. Nur wenn auch sie auf Natürlichkeit setzen, gliedern sie sich perfekt ein.

Dazu auch hier wieder ein Beispiel aus dem Wassergarten: Ein formal gestalteter, rechteckiger Teich mit deutlich abgegrenztem Ufer, der sich zudem mitten im Blickzentrum auf einer freien Fläche befindet, ist im Romantikgarten sicherlich ein Fremdkörper.

Ganz anders verhält es sich mit einem naturnah gestalteten Gartenteich mit geschwungenen Uferlinien. Wenn diese mit verschiedenen Sumpf- und Uferpflanzen bestückt

sind, tragen diese für einen harmonischen Übergang zu benachbarten Gartenteilen Sorge. Und wenn dann noch Seerosen oder andere attraktive Pflanzen die Wasseroberfläche zieren, ist der Romantikeindruck des Gartens perfekt.

Auf der sicheren Seite befindet man sich so immer, wenn man sich für kleinere Elemente aus den Gestaltungsmöglichkeiten der einzelnen Gartenstile entscheidet. Diese sollte man wohlüberlegt an verschiedenen Stellen im Romantikgarten integrieren. Bei der Ausgestaltung mit Wasser könnte sich so in unmittelbarer Nähe zu einem Liegeplatz ein kleiner Teich mit Bachlauf befinden, an einer anderen Stelle des Gartens ein Quellstein sprudeln und wiederum an einer anderen eine Tränke Singvögel anlocken.

Je unauffälliger sich die Gestaltungsvarianten in das Gesamtkonzept eingliedern, desto besser. Sie wollen entdeckt werden und nicht ins Auge springen! Das erreicht man, indem man die einzelnen Gartenbereiche fließend ineinander übergehen lässt, anstatt sie klar voneinander abzugrenzen.

Als bindendes Element setzt man natürlich immer wieder die Pflanzen ein. Das Spektrum ist dabei groß: Es reicht von Bodendeckern, die über eine breitere Fläche wachsen, über Stauden, die an verschiedenen Stellen immer wieder ähnlich angepflanzt werden, bis hin zu Gehölzen, die für einen einheitlichen Hintergrund sorgen.

Die Liebe zum Detail

Mit Gefühl auswählen

Im Leben sind es oft die kleinen Dinge, die das Herz berühren – und der Romantikgarten macht hier keine Ausnahme. Er ist ohne das liebevoll gestaltete Detail nicht vorstellbar. Im Gegenteil: Eine kleine Statue, ein geflochtener Blütenkranz oder ein paar kunstvoll arrangierte Naturmaterialien sind die eigentlichen kleinen Stars des Romantikgartens.

„Für den Romantikgarten kann letztlich gar nichts kitschig genug sein." So hat es der Gartenliebhaber Jürgen Schossig einmal auf den Punkt gebracht, worauf es bei der detaillierten Gestaltung ankommt. Sicherlich: Jeder Mensch hat ein anderes Schönheitsempfinden und was dem einen gefällt, sagt dem anderen noch lange nicht zu.

So findet der eine Spaß an klaren, puristischen Formen, der andere an asiatischen Gestaltungslehren. Der Romantikgarten aber ist eng an tradierte Formensprachen gebunden und appelliert an ein eher klassisches Schönheitsempfinden.

Was für die Grundgestaltung an sich gilt, hat so auch bei der dekorativen Ausgestaltung seine Berechtigung: Hier geht es nicht um klare Linien, moderne Materialien oder zeitgemäßes Design.

Das bedeutet nicht zwangsläufig, dass der Romantikgarten nur mit burlesken Statuen oder kitschigen Accessoires vollgestopft werden sollte: Aber eine schöne Stein- oder Gipsfigur – zum Beispiel nach klassischem Vorbild – oder ein geschmackvolles Windspiel bereichern das Bild mit Sicherheit. Das Angebot an schmückenden Details ist mittlerweile so groß, dass man selbst mit gehobenen „Designansprüchen" durchaus dekora-

tive Schmuckstücke findet, die auch das Herz ansprechen.

Wichtig ist auch hier das richtige Fingerspitzengefühl. Ein Garten, der voll gestopft ist mit kleinen Figürchen, Nippes und Accessoires, entspricht genauso wenig dem Bild eines Romantikgartens wie eine nackt wirkende Grünfläche.

Die Gartenaccessoires dürfen nicht die Hauptrolle spielen und den Gesamteindruck prägen. Eine bunte Figurengruppe mitten auf einer Wiese springt unwillkürlich mehr ins Auge, als vereinzelt in den verschiedenen Gartenbereichen aufgestellte oder -gehängte Gartenaccessoires.

Gestalten mit Naturmaterialien

So breit und ausgefallen das Angebot an Gartenaccessoires in den entsprechenden Gartencentern und -dekoläden auch sein mag: Die Natur selbst bietet einen breit gefächerten Fundus an wunderschönen Details, mit denen sich der Romantikgarten stilvoll ausstaffieren lässt.

Das Spektrum an Gestaltungsmöglichkeiten ist dabei unendlich groß: Es beginnt bei schönen kleinen Steinen, die man dekorativ in Pflanzbeete legt, geht über die klassischen Sammelobjekte wie Muscheln oder Tannenzapfen, die man in Schalen arrangiert, und reicht bis zu außergewöhnlichen Fundstücken wie einer alten knorrigen Wurzel.

Natürlich bietet auch der Romantikgarten selbst oftmals den Fundus, den man zum Ausstaffieren benötigt: So kann man zum Beispiel im Herbst aus kleinen abgefallenen Ästen ein Mobile basteln oder von Vögeln abgeworfene Federn in einem mit Sand gefüllten Pflanztopf zu einem kleinen Arrangement zusammenstecken.

Nicht zu vergessen sind in diesem Zusammenhang auch abgeknickte oder abgefallene Blüten. Oft ist es viel zu schade, sie einfach auf den Kompost zu werfen. In Glasschalen oder auch Vasen bereichern sie für ein paar Tage noch wunderbar Gartentische, Mauervorsprünge oder Nischen.

Ein großer Vorteil der Gestaltung mit Naturmaterialien liegt auch darin, dass die Arrangements häufig vergänglich sind und sich so immer wieder Raum für neue Gestaltungsalternativen ergibt. Diese Abwechslung belebt den Romantikgarten nachhaltig. Schön ist es zum Beispiel, wenn die Gartenaccessoires sich mit dem Lauf der Jahreszeiten verändern.

Gartengalerie

Naturmaterialien haben den großen Vorteil, dass sie nichts kosten. Aber gleichwohl kann der Romantikgarten auch ein Forum für wertvolle Kunst sein. Die großen Romantikgärten der Adligen vor allem im 18. Jahrhundert belegen eindrucksvoll, wie schöne Statuen oder kunstvoll gearbeitete Brunnen gefühlsbetonte Bilder entstehen lassen können.

Geeignet sind vor allem figürliche Arbeiten, die dann auch einen ihrem Wert entsprechenden Auftritt in der Romantik-Gartengalerie erhalten dürfen. Wenn man sie als Solitär präsentiert, sollte allerdings die Umgebungsbepflanzung nicht in Konkurrenz zur Kunst stehen, sondern sich dezent unterordnen.

Freiraum für die eigene Kreativität

Bei der im wahrsten Sinne des Wortes kunstvollen Ausgestaltung eines Romantikgartens bietet es sich förmlich an, der eigenen Kreativität freien Lauf zu lassen.

Wenn man die Accessoires für seinen Garten selbst gestaltet, erhält er ein ganz persönliches, individuelles Gesicht. Jeder findet hier Möglichkeiten, die seinen Fähigkeiten und Kenntnissen entsprechen: Das Spektrum reicht vom einfachen Bemalen von Terrakottagefäßen bis zum Bearbeiten von Naturstein wie z.B. Speckstein.

Leben in der Natur

Richtig schön entspannen

Ein romantischer Garten ist nicht nur ein Pflanzparadies – er ist vor allem auch ein Ort, an dem man das Leben an sich und die Natur genießen kann. Die Seele baumeln und den Alltagsstress hinter sich lassen – im Romantikgarten findet man Ruhe und Entspannung!

Solche Gefühle stellen sich besonders dann ein, wenn der Garten einem gemütlich und liebevoll eingerichteten Wohnzimmer gleicht: Mit bequemen Sesseln, auf denen man sich gerne niederlässt; mit einer weichen Liegefläche, auf der man seine Träume auf Reisen schicken kann; mit einer Sitzgruppe, an der sich Familie und Freundschaft erleben lässt.

Passend sind dabei vor allem die großen Klassiker der Gartenmöbel: von der Hängematte und der Holzbank über den kleinen gusseisernen Bistrotisch mit Klappstuhl bis hin zu großen Rattansesseln oder der bequemen Hollywoodschaukel.

Je natürlicher die Ausstrahlung der verwendeten Materialien und Formen ist, desto besser gliedern sich Gartenmöbel in den Romantikgarten ein: So passen beispielsweise Echtholzstühle weitaus besser als Sitzgelegenheiten aus Plastik oder verschnörkelte Eisenstühle eher als modern gestylte Aluminiumsessel.

Richtig platzieren

Die Wirkung wird aber nicht allein von den Möbeln an sich bestimmt, sondern vor allem auch von ihrer Anordnung und Platzierung. Ideal ist es, wenn der Garten an mehreren

Orten zum Verweilen einlädt und nicht nur am großen Tisch mitten auf der Terrasse. Das innere Wunschbild des Romantikgartens ist in erster Linie mit dem „lauschigen Plätzchen" verbunden – und das kann viele Gesichter haben: Vom Gartensessel im lichten Schatten eines Baumes über den Klappstuhl am Rande eines bunten Staudenbeets bis hin zum Deckchair am Teichrand. Perfekt wird das Ganze, wenn der Platz zudem geschützt liegt und sich das Gefühl von Intimität und Ruhe einstellt.

Je näher sich die Sitz- und Liegegelegenheiten an den Pflanzbereichen befinden, desto unmittelbarer lässt sich auch die Natur erleben. So kann man z.B. nahe an Stauden deren Blütenfacetten genau erkennen, in unmittelbarer Nähe zu Rosen deren Duft wahrnehmen oder direkt neben einem kleinen Bachlauf das Plätschern des Wassers hören. Unvorteilhaft hingegen sind Plätze inmitten großer Terrassen, weit entfernt von den Pflanzbereichen.

ROMANTISCH DECKEN UND DEKORIEREN

Wie bei den Pflanzbereichen prägen auch bei der Möblierung die Details das Bild nachhaltig. Das beginnt schon bei den Sitzkissen: Viele weiche Kissen mit floralen Mustern und bunten Farben laden weitaus eher zum Verweilen ein als nackte Stühle.

Vor allem „ungedeckte" Tische beeinträchtigen das Bild. Dabei bieten sich so viele Möglichkeiten, Gartentische schön zu dekorieren: Von der Schale mit bunten Blüten oder dem Teller mit frisch geerntetem Obst, über liebevolle Blumengestecke oder kunstvoll arrangierte Naturmaterialien bis hin zur üppig gedeckten Tafel mit schwerer Brokatdecke, dekorreichem Essgeschirr und ausgesuchtem Tischschmuck.

Selbst bei schlechtem Wetter oder während der kalten Jahreszeit müssen Gartentische nicht nackt wirken. Hier bietet es sich an, sie mit Naturmaterialien zu dekorieren – am besten in schönen, frostfesten Gefäßen wie z.B. Natursteinschalen.

Rosen

Die großen Klassiker

Die Königin des Romantikgartens

Wenn es eine Pflanze gibt, die in keinem Romantikgarten fehlen darf, dann ist es die Rose. Die Königin unter den Gartenpflanzen hat hier ihren großen Auftritt, denn keine andere Pflanze verbindet so große Symbolkraft mit so atemberaubender Schönheit wie die Rosa, wie sie auf Lateinisch genannt wird.

Die Rose ist das Sinnbild der großen Gefühle und der Liebe – und dieser Assoziation kann man sich beim Betrachten ihrer Blüten nicht entziehen. Wenn die Königin des Gartens dann noch mit Herz und Liebe gepflanzt und gehegt wird, setzt sie dem Romantikgarten unbestreitbar die schönste Krone auf, die die Natur zu bieten hat.

Ihrer Faszination erliegen die Menschen quer durch die Zeiten und Kulturen: So rühmt Konfuzius bereits 500 Jahre v. Chr. den Rosengarten des chinesischen Kaisers. Bei den alten Griechen

galt sie als Heilpflanze, bei den Römern hingegen als Ausdruck von Reichtum. In Deutschland sorgte Karl der Große dafür, dass sie Einzug in die Gärten hielt.

Bis ins 17. Jahrhundert hinein gab es in Europa fast ausschließlich weiße und rosafarbene Rosen. Erst mit den Handelsbeziehungen nach Asien fanden rote und gelbe Hybriden den Weg in die Gärten von Kaisern, Königen und Adeligen. Vor allem die Gattin Napoleons, Kaiserin Josephine de Beauharnais, war eine glühende Verehrerin. Ihr ist das erste Rosarium auf europäischem Boden zu verdanken, das sie Ende des 18. Jahrhunderts in Frankreich anlegen ließ.

Heute widmen sich unzählige Züchter rund um den Globus mit Hingabe und Einfallsreichtum der Gartenkönigin. Ihre Züchtungen haben dazu geführt, dass man heute aus über 30000 Arten, Hybriden und Sorten wählen kann – und täglich kommen immer wieder neue hinzu.

SAG ES MIT DER ROSE: DIE SYMBOLIK DER KULT-PFLANZE

Keine andere Pflanze besitzt so tiefen Symbolcharakter wie die Rose – und das schon seit Jahrhunderten. Im Christentum beispielsweise ist sie das Symbol für das Paradies und mit der dornenlosen Rose verbindet man hier das Bild der Maria. Die Rose gilt aber auch als Sinnbild der Verschwiegenheit. Man spricht „sub rosa", also „unter der Rose", wenn etwas vertraulich bleiben soll. So wurden in manchen Kulturen bei geheimen Unterredungen Rosen über den Tisch gehängt. Die wichtigste Bedeutung aber kommt der Rose im Alltag zu. Hier haben die unterschiedlichen Farben große Symbolkraft:

- ROTE ROSEN: Sie sind seit jeher das Symbol der Liebe. Eine einzelne ist das Erkennungszeichen von junger Liebe, ein Strauß von 12 hingegen das von wahrer Liebe.
- DUNKELROTE ROSEN: Sie stehen für die erloschene Liebe und sind deshalb das Zeichen der Trauer.
- WEISSE ROSEN: Mit weißen Rosen drückt man Leidenschaft und Treue, aber auch Unschuld aus.
- ROSA ROSEN: Sie sind der Inbegriff für Schönheit und Jugend.
- GELBE ROSEN: Gelbe Rosen stehen für Eifersucht und Neid.
- ORANGE ROSEN: Mit ihnen verleiht man dem Wunsch und der Hoffnung auf Glück Ausdruck.
- SCHWARZE ROSEN: Sie sind das Symbol finsterer Mächte und des nahenden Todes.

Rosen richtig auswählen

DIE SCHÖNE QUAL DER WAHL

Wer an Rosen für den eigenen Garten interessiert ist, kann nicht nur aus einer schier unerschöpflichen Vielfalt an verschiedensten Farbspielen der Blüten wählen, sondern auch unter ganz unterschiedlichen Wuchsformen.

Das erste wichtige Entscheidungskriterium sollte so nicht das Aussehen sein, sondern der Einsatzzweck – und es gibt eigentlich keine gartengestalterische Aufgabe, die sich nicht auch mit Rosen lösen ließe: Vom Verschönern eines Pflanzbeets über das Beranken einer Hauswand bis hin zum dekorativen Abdecken von Böden.

DIE ROSENKLASSEN

Um die enorme Arten-, Hybriden- und Sortenvielfalt der Rosa sinnvoll katalogisieren zu können, unterscheidet man die so genannten Rosenklassen. Die

Rubrizierung orientiert sich dabei vor allem am Erscheinungsbild und an den gärtnerischen Einsatzmöglichkeiten. Diese Aufteilung ist sehr praxisorientiert und bietet so auch Gartenanfängern eine sinnvolle Grundorientierung:

- ALTE ROSEN: So bezeichnet man besonders alte Kulturrosen. Die Sorten, die auch als historische Rosen bezeichnet werden, blühen meist nur einmal, tragen dafür aber ihre Blüten auch sehr lange.

- BEETROSEN: Diese sehr buschig wachsenden Rosen eignen sich hervorragend für den Romantikgarten, lassen sie sich doch besonders gut mit Stauden und Sommerblumen kombinieren. Sie tragen kleinere Blüten und sind in vielfältigen Farben erhältlich.

- EDELROSEN: Wer sich einen Strauß roter Rosen wünscht, meint damit zumeist diese sehr langstieligen Sorten. So elegant sie auch aussehen mögen – für den heimischen Garten sind diese Zuchtrosen meist nicht zu empfehlen, weil sie empfindlich und pflegeintensiv sind. Außerdem duften sie meist nur wenig.

- KLETTERROSEN: Diese Rosenklasse gehört zu den Spreizklimmern, die mit Hilfe ihrer Stacheln (Rosen haben botanisch korrekt gesehen keine Dornen, sondern Stacheln) an Rankhilfen oder anderen Pflanzen in die Höhe wachsen. Man unterscheidet dabei zwischen Climber- und Rambler-Rosen. Climber haben kräftige, starre Triebe mit vielen Stacheln, die sogar ohne Rankhilfe auskommen. Die Triebe der Rambler hingegen sind dünner und biegsamer und lassen sich so auch besser in Form bringen – also z.B. um einen Rosenbogen zu gestalten. Sowohl Rambler als auch Climber können bis zu 15 Meter hoch wachsen.

- STRAUCHROSEN: Diese für Pflanzbeete besonders geeignete Art wächst sowohl in die Breite als auch in die Höhe. Auch die Alten Rosen gehören in diese

Klasse – aber unter Strauchrosen fasst man heute eher jüngere Züchtungen zusammen. Hier finden sich für den Romantikgarten besonders geeignete Typen, die nicht nur überwältigend schöne Blüten tragen, sondern auch stark duften.

- ZWERGROSEN: Diese Art, die uns wie eine Miniaturausgabe der Beetrosen erscheinen, wurde erst zu Beginn des letzten Jahrhunderts gezüchtet. Gemeint sind recht niedrig wachsende Rosen, die selten höher als 40 cm werden. Sie eignen sich so vor allem für Kübel, aber auch als Zimmerpflanzen in kühleren Räumen. Die Zwergrosen tragen reichhaltige, kleinblättrige Blüten, die es in einer enormen Farbvielfalt gibt.

- WILDROSEN: Die Urahnen aller Rosenarten haben sich weitgehend ihren Urcharakter erhalten. Es handelt sich in der Regel um sehr robuste Sorten, die in den meisten Fällen den Strauchrosen zuzuordnen sind.

Ist die Grundentscheidung über den Einsatzort und die Verwendung getroffen, gilt es sich die weiteren Eigenschaften der Rosen genauer anzuschauen, vor allem die Häufigkeit und Länge der Blütezeit sowie die Dichte des Blütenbildes.

Einige Rosen blühen mehrmals jährlich – und während an einigen Trieben voll entwickelte Blüten die Blicke auf sich ziehen, wachsen an anderen schon wieder neue Knospen. Solche Rosen bieten ein sehr abwechslungsreiches Bild, sind aber auch sehr pflegeintensiv. Nicht nur, dass immer wieder herabgefallene Blütenblätter entsorgt werden wollen – auch die verwelkten Blüten sollten stetig entfernt werden. Dies ist bei Rosen, die nur ein bis zwei Mal im Jahr neue Knospen treiben, ganz anders. Sie machen bei weitem nicht so viel Arbeit.

Ein weiterer wichtiger Punkt ist der Duft. Neben Rosen mit intensivem Duft gibt es zahlreiche Arten, die nur gering oder fast gar nicht riechen. Für den Romantikgarten sind stark duftende Rosen vor allem in der Nähe von Sitzplätzen zu empfehlen, weil sie gerade hier nicht nur die Augen, sondern auch die Nase intensiv ansprechen. In weiter entfernten Gartenteilen ist es hingegen meist nicht so entscheidend, ob die Pflanzen stärker oder weniger intensiv duften.

Um einen – zumindest ausschnitthaften – Überblick über die Vielfalt der Arten zu bekommen, kann man sich zum Beispiel in Rosenausstellungen oder Rosenparks umsehen. Genauere Informationen über seine Wunschrosen erhält man zudem dann bei Rosenzüchtern oder Rosenvereinen, die es weit verbreitet in fast allen Regionen gibt.

Auf der sicheren Seite befindet man sich bei der Pflanzentscheidung, wenn man die Wunschrose ausgewachsen gesehen hat und ihren genauen Namen beim Kauf nennen kann.

Sicherer Rosenkauf

Der Handel führt Rosen in zwei Güteklassen: Pflanzen der Klasse A besitzen ein kräftig ausgebildetes Wurzelwerk mit mindestens drei Trieben. Rosen der Klasse B müssen nur zwei Triebe aufweisen. In der Regel bekommt man die Gartenkönigin als Containerware im Plastiktopf – Rosen werden aber auch wurzelnackt verkauft.

In Deutschland gibt es die „Allgemeine Rosenneuheitenprüfung“ (ADR), die Züchtungen nicht nur in Bezug auf die Optik, sondern auch auf die gärtnerischen Ansprüche hin prüft. Empfehlenswerte Rosen werden mit dem Prädikat „ADR-Rose“ ausgezeichnet.

PFLANZEN UND PFLEGEN

Die meisten Rosen sind wahre Sonnenanbeter – sie gedeihen so besonders gut an hellen Standorten. Dabei müssen sie aber nicht unbedingt den ganzen Tag Sonne bekommen – es gibt auch Sorten, die sich auch im Halbschatten mit nur vier Stunden Sonne pro Tag prächtig entwickeln. Vor allem Wildrosen sind hier meist etwas genügsamer.

Der Standort sollte dabei immer auch luftig, aber wiederum nicht zugig sein. Solche Standorte sind wichtig, weil so vor allem Feuchtigkeit schneller abtrocknen kann. Dann haben Krankheitserreger weniger Chancen, sich auszubreiten – vor allem Pilzbefall wird so vorgebeugt. An allzu windigen Standorten aber können Rosen nicht richtig wachsen.

Für den Boden gilt: Er sollte mittelschwer, nährstoffreich und neutral sein. Zu beachten ist hier, dass die meisten Rosen Tiefwurzler sind.

Am besten pflanzt man Rosen im Spätherbst – nur in rauerem Klima ist das Einsetzen im Frühjahr die bessere Alternative. Containerware kann man direkt in den gelockerten Boden setzen – wurzelnackte Rosen hingegen

sollten zuvor ein mehrstündiges Wasserbad erhalten. Bei Edelrosen kommt es darauf an, dass die Veredlungsstelle circa 5 cm unterhalb der Bodenkante liegt.

Je nach Rosenklasse sollte man beim Einsetzen das Wuchsverhalten bedenken. Vor allem Buschrosen benötigen viel Platz. Grundsätzlich gilt: Lieber etwas mehr Abstand zu den Nachbargewächsen einplanen – und dies nicht zuletzt auch, um den Standort luftig zu halten.

Die Grundpflege

Da Rosen tief wurzeln, müssen sie im Sommer nicht so oft gegossen werden wie viele ihrer Gartengenossen. Dafür sollten sie allerdings regelmäßig gedüngt werden – am besten mit speziellem Rosendünger. Empfehlenswert ist nicht nur eine Nährstoffgabe im Frühjahr, sondern auch im Herbst – z.B. durch Kompost.

Während der wärmeren Jahreszeiten schneidet man immer wieder Verblühtes und Vertrocknetes heraus. Bei verwelkten Blüten lichtet man nicht nur diese aus, sondern setzt die Schere etwa zehn Zentimeter tiefer an, sodass auch einige vollentwickelte Blätter mit abgeschnitten werden.

Der Rückschnitt

Damit sich die Rosen lang anhaltend optimal entwickeln, ist zudem bei Beet- und Kletterrosen sowie Edel- und Zwergrosen einmal im Jahr ein Rückschnitt sehr empfehlenswert. Strauch- und Wildrosen benötigen nur alle 4 bis 5 Jahre einen Rückschnitt. Nur die Bodendeckerrosen brauchen keinen Rückschnitt, wobei

man natürlich auch hier das Wachstum durch gezielte Schnitte fördern und formen kann.

Die beste Zeit für den Rückschnitt ist allgemein das Frühjahr. Generell sollte man nur scharfe Rosenscheren verwenden – stumpfe Scheren verletzen die Pflanze. Der Schnitt wird unmittelbar oberhalb einer nach außen wachsenden Knospe angesetzt und schräg nach unten ausgeführt. Beim Entfernen von Seitentrieben lässt man nach Möglichkeit keine Stummel stehen.

Beetrosen schneidet man bis auf die Haupttriebe zurück. Diese sollten nur noch eine Länge von 30 bis 40 cm aufweisen. Bei Kletterrosen entfernt man schwache Triebe und stutzt die Seitentriebe so ein, dass sie nicht zu weit ausufern.

Überwintern

In ungeschützten Lagen und unter raueren klimatischen Bedingungen sollten Rosen vor zu viel Kälte geschützt werden. Besonders empfindlich ist die Veredlungsstelle unterhalb der Bodenkante. Hier reicht es in der Regel aus, den Boden unterhalb der Rose mit Rindenmulch abzudecken. Bei Stammrosen schützt man zudem die Krone durch umwickeln – beispielsweise mit Sackleinen.

Beliebte Rosen

ABRAHAM DARBY

Die stark duftende Rose zeigt sehr schöne apricotfarbene Einzelblüten. Die robuste Rose wächst zwischen 90 und 200 cm hoch und blüht von Frühsommer bis Spätherbst.

AUGUSTA LUISE (BILD UNTEN)

Diese Rose wächst aufrecht und bereichert den Romantikgarten von Juni bis September mit ihren rosé-pfirsischfarbenen, fruchtig süß duftenden Blüten.

BERNSTEINROSE (BILD RECHTS)

Die Bernsteinrose trägt die Farbe ihrer Blüten im Namen. Die robuste Beetrose wächst nur bis zu 80 cm hoch und gedeiht so auch im Kübel.

EROTIKA

Diese wüchsige und winterfeste Edelrose erfüllt das Bild einer eleganten roten Rose par excellance. Sie trägt bis weit in den Herbst hinein sehr große, gefüllte Blüten und verströmt einen intensiven Duft.

FRIESIA

Diese Beetrose zählt zu den beliebtesten ihrer Art, benötigt sie doch nur sehr wenig Pflege. Die gelben Blüten dieser bis 60 cm hohen Rose zeigen sich von Frühsommer bis Herbst. Sie ist öfter blühend, wobei die Nachblüte von Mal zu Mal blasser erscheint.

GERTRUDE JEKYLL

Diese Englische Rose ist eine öfter blühende Strauchrose mit einem lieblichen, aber starken Duft. Die gefüllten Blüten leuchten dunkelrosa. Die einer englischen Gärtnerin gewidmete Rose wächst bis zu 1,5 Meter hoch.

INGRID BERGMAN

Diese Teehybride gilt als eine der schönsten Edelrosen für den Romantikgarten. Ihre einzeln stehenden, dunkelroten Blüten verströmen einen leichten Duft. Zu ihren Vorteilen zählt, dass sie bis in den November hinein leuchtende Farbtupfer im Garten setzt.

Lawinia

Diese Kletterrose, die bis zu 3 Meter hoch wächst, überzeugt mit ihrem rosafarbenen, fülligen Blütenbild. Sie ist öfterblühend und verbreitet mäßigen Duft.

Mirato

Die Mirato zählt zu den Bodendeckerrosen und schafft mit ihren hellrosafarbenen Blüten einen faszinierenden Untergrund. Sie ist schwach duftend und wird bis zu 60 cm hoch.

Montana (Bild rechts)

Aufgrund ihres kompakten Wuchses ist diese Beetrose vor allem auch für kleine Romantikgärten gut geeignet. Die Blüten sind rot und duften angenehm.

Queen Elizabeth Rose

Die 1978 zur Weltrose gekürte Edelrose blüht lachsrosa und wächst bis auf 2 Meter. Sie verbreitet einen herrlichen Duft und ist sehr widerstandsfähig.

Renaissance (Bild links)

Mit seinen Renaissance-Rosen gelang dem dänischen Züchter Poulsen eine äußerst überzeugende Beetrosenfamilie, die sich durch leuchtende Blüten, Robustheit und Pflegeleichtigkeit auszeichnen.

Nutzpflanzen

Sehen und Schmecken

NATUR FRISCH

In der Natur wächst auf einem Boden zusammen, was der Mensch oft künstlich trennt: Da stehen Obstbäume auf einer Wiese mit Sommerblumen, daneben wächst ein kleiner Beerenstrauch, an dessen Fuß sich dekorative Bodendecker ausbreiten. Und wiederum ein Stückchen weiter gedeihen ganz andere Zier- und Nutzpflanzen in trauter Eintracht nebeneinander.

Die heute immer noch verbreitete Trennung zwischen Zier- und Nutzpflanzen hat einen ganz praktischen Grund: Nutzpflanzen lassen sich einfacher kultivieren, pflegen und auch ernten, wenn man sie separiert. Aus gartengestalterischer Sicht aber ist diese Trennung im Romantikgarten nicht wünschenswert. Und das aus mehreren Gründen.

Viele Nutzpflanzen sind kleine Schönheiten, die den Garten vielfältig bereichern. Man denke nur an die Obstblüte im Frühjahr: Schöner und reichhaltiger, als beispielsweise die Kirschen mit ihren Blüten die warme Jahreszeit begrüßen, blüht kaum eine andere Pflanze. Andere Nutzpflanzen – wie zum Beispiel Salate – besitzen ein so ausgefallenes wie faszinierendes Blattwerk. Und nicht zuletzt: Wenn Beeren und Obst, aber auch viele Gemüsepflanzen, erntereif sind, schaffen sie mit ihren Früchten bunte, zum Teil strahlend leuchtende Farbakzente.

Zudem sprechen Nutzpflanzen den Geschmackssinn in uns an, der ansonsten im Garten brach liegen würde: Es ist einfach eine köstliche Gaumenfreude, zuckersüße Himbeeren direkt vom Strauch zu naschen oder eine gerade gereifte Walnuss noch im Garten zu knacken.

Wer mit selbst Geerntetem kocht, verbindet zudem Geschmack und Gesundheit: Hier weiß man, woher die Früchte kommen – und dass Obst oder Gemüse eben nicht gespritzt oder genmanipuliert sind. Und ganz gleich, was die Werbung vieler Supermärkte in Bezug auf Frische verspricht – wer selbst im Garten erntet, ist sich sicher, dass alles wirklich frisch und nicht doch schon ein paar Tage gelagert ist.

Hinzu kommen schließlich ein paar ganz praktische Aspekte: Selbst Angepflanztes und Geerntetes ist natürlich viel preiswerter, als die Ware aus dem Markt. Und: Besonders bei Kräutern hat man alles Benötigte direkt und frisch zur Hand – ganz gleich, ob man zum Kochen nur einen Zweig Rosmarin oder frischen Schnittlauch benötigt.

Der entscheidendste Aspekt aber, warum Nutzpflanzen im Romantikgarten nicht fehlen sollten, sind unsere inneren Bilder. Man denke beispielsweise nur einmal an den Apfelbaum. In wie vielen Gedichten, Essays oder Romanen ist er das Sinnbild schlechthin für naturgeprägte Romantik! Ganz zu schweigen vom Apfel selbst, der seit dem Sündenfall in der Bibel zu einem der symbolkräftigsten Zeichen unserer Kultur zählt.

Neben diesen tradierten Bildern, die immer auch mit einer facettenreichen Gefühlswelt verbunden sind, stehen die Nutzpflanzen in unserer heutigen Gesellschaft auch als Ausdruck eines bewussten, gesunden Lebensstils.

War es früher ganz normal, ja oft sogar notwendig, Obst, Gemüse und Kräuter im eigenen Garten zu ziehen – so empfinden es heute viele Menschen schon fast als ein Privileg, Selbstgeerntetes auf den Tisch bringen zu können. Selbst auf vielen engen Stadt-Balkonen – bieten sie dem kleinen Stückchen Natur auch noch so wenig Platz – finden sich dann kleine, liebevoll gepflegte Kräuterkübel-Ensembles neben ausgesuchten Zierpflanzen.

Ganz gleich, wie sehr man über die Bedeutung von Nutzpflanzen im Romantikgarten auch philosophieren mag – eines ist unbestreitbar: Selbst zu ernten macht Spaß! Natürlich kann man in jedem Garten – und auch in besonders schönen Romantikgärten – auf Obst und Gemüse, Salate und Kräuter verzichten. Damit verbunden ist jedoch auch der Verzicht auf ein besonders sinnliches Vergnügen.

Schöne Nutzpflanzen

ALLIUM SCHOENOPRASUM – SCHNITTLAUCH

Küchenkräuter frisch aus dem Garten sind ein Hochgenuss. Dabei bereichern sie den Romantikgarten aber nicht nur mit ihren geschmacklichen Qualitäten, sondern auch optisch. Bestes Beispiel dafür ist Schnittlauch. Die mit der Zwiebel verwandte Pflanze trägt nämlich wunderschöne Blüten.

Die mehrjährige Pflanze kann eine Höhe von etwa 30 cm erreichen. Zwischen Mai und August erscheinen dann an den grasartigen Büscheln sehr dekorative, tiefviolette bis dunkelrosa Blütenkugeln. Man sollte sich allerdings entscheiden, ob man den Schnittlauch als Zier- oder Gewürzpflanze verwenden will, denn die Blüten kosten die Pflanze viel Kraft.

BETA – MANGOLD

Dass Nutzpflanzen Gaumenfreude und Augenschmaus zugleich sein können, beweist auch der Mangold: Seine großen Blätter sind nämlich nicht nur wohlschmeckend, sondern auch ausgespro-

chen dekorativ. Beim Mangold unterscheidet man zwischen zwei grundsätzlichen Kulturformen, dem Stielmangold und dem Blattmangold. Die Blätter beider Arten bereitet man ähnlich wie Spinat zu.

Die Pflanze besitzt aufrechte, langgestielte, runzelige oder glatte hell- bis mittelgrüne Blätter. Die attraktiven Stiele sind beim Blattmangold meist gelb, bei den Sorten des Stielmangolds können sie weiß oder leuchtend rot sein. Insgesamt wird Mangold etwa 30 bis 50 cm hoch.

Capsicum – Paprika & Peperoni

Die verschiedenen Arten der Gattung Capsicum werden vor allem als Gemüsepflanze kultiviert. Sowohl die Pflanze als auch die Frucht werden als Paprika bezeichnet, wobei es für die Frucht weitere Namen gibt, welche Unterschiede in Schärfe, Größe oder Farbe kennzeichnen.

So umfasst Capsicum neben diversen Zier- oder Gewürzpaprikasorten beispielsweise auch die schärferen Peperoni und Chilischoten. Die Anzahl der erhältlichen Arten und Sorten ist enorm vielfältig. Die je nach Art und Sorte in Form und Größe unterschiedlichen Früchte bereichern den Romantikgarten in leuchtenden Orange- oder Rottönen.

LACTUCA SATIVA – LOLLO BIANCO & ROSSO

Salat verkörpert wie kaum eine andere Nutzpflanze die Vorstellung von Frische, Gesundheit und kalorienarmer Ernährung. Erntet man ihn noch dazu im eigenen Garten, ist dieses Gefühl perfekt. Lollo Bianco und Lollo Rosso stehen hier nur stellvertretend für die unglaubliche Vielfalt verschiedener Salatsorten.

So unterscheidet man zunächst zwischen Kopfsalaten und den so genannten Pflück- oder Schnittsalaten, zu denen auch Lollo Bianco und Rosso zählen. Der Lollo Rosso ist sehr dekorativ. Er hebt sich mit seinen stark gekräuselten, rötlich-braunen bis violetten Blättern sowohl im Garten als auch auf dem Teller von anderen Sorten ab und sorgt für schöne Farbakzente. Im Geschmack ist er herb-nussig und eignet sich gut für leichte Vinaigrettes. Lollo Bianco ist eine Variante mit ebenfalls sehr attraktiv gekräuselten, aber gelbgrünen Blättern.

MALUS – APFEL

Der Apfelbaum gehört sicher zu den bekanntesten und beliebtesten Obstbäumen. Bereits in der Bibel spielt er eine zentrale Rolle beim Sündenfall, und die schmackhaften Äpfel symbolisieren von jeher Sünde und Erkenntnis, aber auch Liebe und Fruchtbarkeit.

Im romantisch gestalteten Garten sorgt die Pflanze fast das ganze Jahr hindurch für wundervolle Bilder. Im Frühling erscheinen die weißen bis zart rosafarbenen, oft wundervoll duftenden Blüten, im Spätsommer und Herbst trägt der Baum seine dekorativen Früchte und sorgt mit der schönen Herbstfärbung seiner Blätter für ein attraktives Farbenspiel.

So malerisch auch ein großer, alter, knorriger Apfelbaum wirkt, nicht jeder hat Platz für die teilweise über 10 m hohen Bäume. In diesem Fall empfiehlt es sich, auf kleinere, schwachwüchsigere Sorten zurückzugreifen, die lediglich 1 bis 3 m hoch werden. Bei der Vielzahl verschiedener Apfelsorten, die heutzutage im Handel erhältlich sind, lässt man sich am besten beim Kauf beraten und vom persönlichen Geschmack leiten.

OCIMUM BASILICUM – BASILIKUM

Bei den Nutzpflanzen im romantisch gestalteten Garten dürfen natürlich auch diejenigen Kräuter nicht außer Acht gelassen werden, die man am besten in Töpfen zieht.

Das aromatische Basilikum sollte dabei keinesfalls fehlen, ist es doch mit der zunehmenden Beliebtheit der italienischen Küche inzwischen zu einem der populärsten Küchenkräuter geworden. Zudem blickt das auch als Königskraut oder Königsbalsam bekannte Basilikum auf eine lange Tradition als Heilpflanze zurück.

Im Garten verströmen die sattgrünen Blätter mit ihrem typischen, pfeffrig-würzigen Duft ein ganz eigenes Flair. Je nach Sorte und äußeren Bedingungen kann Basilikum 15 bis 60 cm Höhe erreichen.

PRUNUS – KIRSCHE

Im Frühjahr, wenn sich die wundervollen weißen bis rosa Blüten zeigen, sorgt der Kirschbaum für besonders romantische Stimmung im Garten. Nicht umsonst wird in Japan anlässlich der Kirschblüte ein großes Volksfest gefeiert. Dort symbolisiert die flüchtige Kirschblüte Reinheit und Schön-

heit, aber auch Vergänglichkeit und ist dort deshalb einer der beliebtesten Gartenbewohner überhaupt.

Im Sommer reifen die schönen Blüten zu köstlichen roten, manchmal auch gelblichen oder fast schwarzen Früchten heran. Grundsätzlich unterscheidet man zwischen Süßkirschen (Prunus avium) und Sauerkirschen (Prunus cerasus), wobei die deutsche Bezeichnung schon die verschiedenen geschmacklichen Eigenschaften kennzeichnet.

Prunus – pflaume

Köstliches Pflaumenmus, frischer Pflaumenkuchen, oder die aromatischen, frischen Pflaumen direkt vom Baum naschen – das sind Gaumenfreuden, denen die Besitzer eines Pflaumenbaums im Spätsommer und Herbst entgegensehen. Dann haben sich aus den zarten, hübschen Blüten die dekorativen, typisch blau-violetten Früchte entwickelt.

Die große Familie der essbaren Pflaumenarten umfasst neben den blauen Pflaumen und Zwetschen aber auch die gelben Mirabellen, oder die grünen Renekloden. Beim Kauf eines Pflaumenbaums hat man also die Qual der Wahl. Neben dem persönlichen Geschmack sollten auch die jeweiligen Klima- und Standortbedingungen im Garten eine Rolle spielen; am besten, man lässt sich im Handel beraten.

Pyrus – Birne

Die Birne wird bereits seit Jahrhunderten kultiviert und gehört zu den Klassikern unter den Obstsorten. Sie wird sogar in Gedichten besungen, wie in Theodor Fontanes so berühmter Ballade „Herr von Ribbeck auf Ribbeck im Havelland“.

Wie der Apfelbaum ist der Birnbaum Nutz- und Zierpflanze zugleich, wobei der Zierwert des Baums in seinen zarten, weißen oder rosafarbenen Blüten und sehr schönen Früchten liegt. Hinzu kommt oft eine attraktive Herbstbelaubung. Die süßen Birnen sind besonders säurearm, was sie sehr bekömmlich macht.

Man braucht etwas Geduld, wenn man junge Bäume anpflanzt, denn es dauert einige Jahre bis sie Früchte tragen. Bei den Birnen kann man zwischen über 10 m hohen, schwachwüchsigeren mit nur 1 bis 2 Meter Höhe oder auch Spalierpflanzen wählen.

RIBES – JOHANNISBEERE

Der Name Johannisbeere rührt wohl daher, dass die aromatischen Beeren um den Johannistag (24. Juni) herum reifen. Die etwa 1 bis 1,50 m hohen Pflanzen wachsen als Sträucher, können aber auch als Hochstämmchen gezogen werden, was ebenfalls sehr dekorativ wirkt.

Aus den grünlichen Blüten, die zwischen April und Mai erscheinen, entwickeln sich die kleinen, schmackhaften Beeren. Man unterscheidet grundsätzlich zwischen der Schwarzen und der Roten Johannisbeere.

Die Schwarze Johnnisbeere (Ribes nigrum) weist einen säuerlichen, herb-aromatischen Geschmack auf, der übrigens auch als Grundlage des beliebten Cassis-Likörs dient. Diese Beerenart wird auch aufgrund ihres extrem hohen Gehalts an Vitamin C geschätzt.

Auch die Rote Johannisbeere (Ribes rubrum) schmeckt säuerlich-herb und eignet sich besonders gut zum Herstellen von schmackhaften Gelees. Zudem gibt es auch weiße Johannisbeeren; hierbei handelt es sich allerdings um eine Zuchtform der Roten Johannisbeere.

Rosmarinus officinalis – Rosmarin

Der im Mittelmeerraum heimische Rosmarin, ein wichtiger Bestandteil der mediterranen Küche, ist mit seinen nadelartigen, blaugrünen Blättern nicht nur geschmacklich, sondern auch optisch ein Genuss. Er steht hier stellvertretend für die vielen mediterranen Kräuter, die auch den Romantikgarten bereichern können. Denn neben dem attraktiven Aussehen verströmt die Pflanze im sommerlichen Garten einen aromatischen, unvergleichlichen Duft, der an Nadelhölzer erinnert.

Bei guter Pflege kann der Rosmarin sehr alt werden und je nach äußeren Bedingungen eine Höhe von bis zu 200 cm erreichen. Blätter und Zweigspitzen des Rosmarins können das ganze Jahr über nach Bedarf geerntet werden. Man verwendet das herb-bittere Kraut zum Würzen von Fleisch-, Fisch-, Grill-, Gemüse- und Kartoffelgerichten.

SOLANUM LYCOPERSICUM – TOMATE

Paradiesapfel oder Liebesapfel – mit so poetischen Namen wird die weltweit beliebte Tomate zuweilen betitelt. Wer Tomaten im eigenen Garten anbauen will, hat heutzutage die Wahl zwischen einer Vielzahl von Sorten, die sich vor allem in Form, Größe und Gewicht, aber natürlich auch im Geschmack unterscheiden. Um Tomaten zu ziehen, muss man sie noch nicht einmal ins Beet pflanzen – sie gedeihen auch in großen Kübeln.

Das Pflanzenangebot umfasst runde Tomaten, Fleischtomaten, Flaschentomaten, Kirsch- oder Cherrytomaten. Des Weiteren unterscheidet man zwischen hochwachsenden Stabtomaten und niedrigwachsenden Buschtomaten.

Die aromatischen Früchte entwickeln sich im Sommer aus kleinen gelben Blüten. Meist heben sich die reifen Früchte in leuchtenden Rottönen vom grünen Laub ab, es gibt aber auch orangefarbene oder gelbe Sorten.

Aber ganz gleich für welche Tomatenart man sich entscheidet: Der Nutzwert ist ungemein groß. Bei guter Pflege tragen die Pflanzen vom Sommer bis in den Herbst hinein immer wieder reichlich Früchte. Zur Pflege zählt nicht nur regelmäßiges Wässern und Düngen, sondern auch das Ausgeizen von Seitentrieben.

VACCINIUM – HEIDELBEERE

Wie so viele Nutzpflanzen hat auch die Heidelbeere neben ihren wohlschmeckenden Beeren sehr dekorative Eigenschaften, wie zum Beispiel schöne Blüten und eine wunderbare Herbstbelaubung, zu bieten.

Die meist strauchig wachsenden Pflanzen können je nach Art und Sorte 20 cm bis über 2 m hoch werden. Zu den bekanntesten Arten zählen die Blaubeere (Vaccinium myrtillus) mit kugeligen, blauschwarzen Früchten, die Amerikanische Blaubeere (Vaccinium corymbosum) mit kugeligen, rosaüberhauchten Früchten, die Preiselbeere (Vaccinium vitis-idaea) mit roten Beeren oder die Großfrüchtige Moosbeere (Vaccinium macrocarpon), die meist als Cranberry bezeichnet wird und ebenfalls rote Beeren trägt.

VITIS – WEIN

Was ist malerischer und romantischer als eine mit Wein bewachsene Laube, ein überwucherter Zaun oder eine begrünte Mauer? Unter günstigen klimatischen Bedingungen und mit der richtigen Pflege hat man dann auch noch im Herbst das Glück, Trauben im eigenen Garten ernten zu können.

Zur Herstellung von Wein wird die Echte Weinrebe (Vitis vinifera) verwendet. Sie gehört zu den ältesten Kulturpflanzen und wurde schon um 3500 v. Chr. von den Ägyptern, den Babyloniern und den Indern kultiviert. Auch die alten Griechen und Römer betrieben Weinbau.

Bevor die sommergrüne Kletterpflanze, die Höhen zwischen 2 und 10 m erklimmen kann, im Winter ihr Laub abwirft, färben sich die Blätter in dekorativem Braunrot. Die ab September/Oktober reifenden Trauben sind je nach Sorte gelb, hellgrün oder schwarzblau.

Bäume und Sträucher

Kraft und Schönheit

Faszinierend viele Facetten

Der Baum ist das Symbol für Kraft und Schönheit schlechthin, aber auch für Alter und Vergänglichkeit – und damit eigentlich für jeden Romantikgarten unentbehrlich. Aber auch kleinere Gehölze wie beispielsweise der Flieder sind durch die Literatur, durch Gedichte und Liedtexte als Sinnbilder für positive Gefühle tief verankert.

Dass quer durch die Zeiten und Kulturen Bäume und Sträucher eine so wichtige symbolhafte Bedeutung erlangt haben, liegt an der mannigfaltigen Faszination, die die Gehölze ausstrahlen.

Diese Faszination beginnt mit ihrer imposanten Größe, allen voran natürlich der Bäume. Wenn sie mit mächtigen Kronen den Himmel zu stürmen scheinen, gehört dies sicherlich zu den grandiosesten Bildern, die die Natur zu bieten hat.

Aber auch die Kleingehölze können mit mächtigem Wuchs beeindrucken – man denke nur an üppig wachsende, alte Rhododendren, die sich mehrere Meter in Höhe und Breite ausweiten.

Hinzu kommt der Kontrast zwischen den mächtigen Stämmen und Ästen auf der einen und dem oft filigranen Blattwerk auf der anderen Seite. Dieses imponiert zumeist mit seinem Farbspiel, das vom lichten Grün im Frühjahr über sattes Dunkelgrün im Sommer bis hin zu leuchtendem Rot im Herbst reicht.

Zudem tragen die so unterschiedlichen Blattformen entscheidend zur Faszination bei. Nicht zu vergessen sind schließlich die vielen unvergleichlich schönen Blüten- und Fruchtstände – man denke nur an die so faszinierend blühenden Magnolien und Zierkirschen oder an die reichlich tragenden Nussbäume oder Kastanien.

Aber selbst wenn man einmal von der Schönheit absieht: Gehölze sollten auch deshalb nicht im Ro-

mantikgarten fehlen, weil sie ganz verschiedene, wichtige Funktionen im Garten übernehmen können.

Bäume beispielsweise sorgen für eine perfekte Verschattung – und das nicht nur für Sitz- und Liegeplätze. In ihrem Schatten finden zahlreiche Pflanzen idealen Lebensraum, allen voran die Farne. Durch ihre Größe können sie zudem perfekten Sichtschutz bieten und weniger schöne Ausblicke mindern, beispielsweise auf benachbarte Hochhäuser.

Die Kleingehölze bieten sich vor allem als Hintergrundbepflanzung an. Entlang der Grundstücksgrenzen frieden sie nicht nur den Garten ein, sondern schützen auch vor neugierigen Blicken. Vor allem sorgen sie mit dichtem Blattwerk für einen perfekten Hintergrund, vor dem sich besonders blühende Stauden deutlich abheben können.

Im Folgenden finden sich einige Kurzportraits von beliebten und für den Romantikgarten besonders geeigneten Gehölzen. Der Schwerpunkt liegt bei den Bäumen auf niedriger wachsenden Arten. Einige der besonders wichtigen Kleingehölze wie z.B. der Rhododendron werden zudem im alphabetischen Teil ausführlicher vorgestellt. Die Auswahl ist dabei aus Platzgründen begrenzt und es gibt sicherlich noch viele weitere empfehlenswerte Gehölze.

Beliebte Gehölze

Acer palmatum – Fächerahorn

Die Gattung Ahorn umfasst zahlreiche verschiedene Arten, die sich hauptsächlich in Wuchsart sowie Blattform und -farbe unterscheiden. Für den heimischen Garten sind allerdings eher die kleineren Arten und Sorten, wie zum Beispiel der Fächerahorn, zu empfehlen. Die Pflanze wird lediglich 1 bis 4 m hoch und trägt tief geschlitzte Blätter.

Cercis Siliquastrum – Judasbaum

Der deutsche Name Judasbaum geht auf die Legende zurück, Judas hätte sich an diesem Baum erhängt. Die dekorative Pflanze zieren rundliche, herz- bis nierenförmige Blätter und wunderschöne, magentarote bis rosafarbene – bei einigen Sorten auch weiße – Blüten. Der Judasbaum kann eine Höhe von 4 bis 8 m erreichen.

Deutia – Deutzie

Ein wundervolles Blütenmeer – anders kann man es kaum beschreiben, wenn die Deutzie im Frühsommer, zwischen

Mai und Juli, ihre weißen oder rosafarbenen Blüten hervorbringt. Die je nach Art und Sorte 50 cm bis 3 m hohen Ziersträucher wirken in Gruppen gepflanzt ebenso dekorativ wie in Solitärstellung.

Forsythia – Forsythie, Goldglöckchen

Die dekorative Forsythie gehört sicher zu den Klassikern unter den Frühblühern. Mit ihren wundervollen Blüten, die zwischen März und Mai noch vor den Laubblättern erscheinen und in intensivem Gelb erstrahlen, wird sie überall im Garten zum Blickfang. Zudem ist die Pflanze robust und relativ unkompliziert in der Pflege. Je nach Sorte wird ein Forsythienstrauch etwa 1 bis 4 m hoch.

Hamamelis – Zaubernuss

Das Besondere an der Pflanze mit dem so märchenhaft klingenden deutschen Namen Zaubernuss ist, dass sie ihre Blüten im späten Herbst und Winter trägt. Die spinnenähnlichen, oft duf-

tenden, gelben, orangefarbenen oder roten Blüten und das Haselnussblättern ähnelnde Laub mit seiner ausgesprochen leuchtenden Herbstfärbung machen Hamamelis zu einer sehr beliebten Zierpflanze. Der Strauch kann eine Höhe von 2 bis 5 m erreichen, was allerdings Jahre dauern kann, denn er wächst relativ langsam.

Hibiscus – Hibiskus, Roseneibisch

„Bunga raya" – „große Blume" wird die Hibiskuspflanze in Malaysia genannt, wo sie die Nationalblume ist. Auch bei uns ist das dekorative, zwischen 1 und 3 m hohe Gewächs mit den großen leuchtenden Blüten, die je nach Art und Sorte in Weiß, Rosa, Purpurrot oder Blauviolett erstrahlen, eine beliebte Zierpflanze. Besonders in Kombination mit anderen tropisch anmutenden Pflanzen kann man im sommerlichen Garten für südliches Flair und Urlaubsstimmung sorgen.

Hedera – Efeu

Eine der bekanntesten und beliebtesten Kletterpflanzen ist sicher der Efeu. Nicht zuletzt, weil er sich im Garten für unzählige romanti-

sche Gestaltungsmöglichkeiten anbietet: Man kann Mauern oder Wände wundervoll damit begrünen, die dekorativen Triebe an Gittern oder Streben emporklettern lassen oder die Pflanzen zu Hochstämmen ziehen. Attraktiv wirkt Efeu auch als Hängepflanze, wobei man die Triebe einfach aus Blumenkästen oder -ampeln herunterhängen lässt. Die schönen Blätter bilden außerdem einen wunderbaren Hintergrund für blühende Pflanzen. Es gibt eine unglaublich große Vielfalt an verschiedenen Efeu-Arten und -Sorten, die sich hauptsächlich in Bezug auf Größe und Wüchsigkeit, aber auch in Blattform und -farbe unterscheiden.

Hydrangea – Hortensie

Wer im Sommer in herrlichen Blütenträumen schwelgen möchte, kommt nicht an den üppigen und farbenfrohen Hortensien vorbei. Ihr typisches Kennzeichen sind die großen Blütenbälle, die je nach Sorte eher flach tellerartig oder kugelartig ausgebildet sind. Dementsprechend werden die Pflanzen auch als Teller- oder Ballhortensien bezeichnet. Die

zwischen 1 und 3 m hohen Ziergehölze werden überall im Garten zum Blickfang. Mit Kletterhortensien lassen sich zudem Pergolen oder Fassaden imposant beranken.

Jasminum Nudiflorum – Winterjasmin

Als ausgesprochener Frühblüher ist Jasminum nudiflorum sehr beliebt. Der Kälte und der dunklen Jahreszeit trotzend, entfaltet die Pflanze ihre zitronengelben Blüten bereits im Dezember und wird daher im Volksmund auch Winterjasmin genannt. Der schlanke, laubabwerfende Strauch hat überhängende bis klimmende grüne Sprossen und trägt gefiederte dunkelgrüne Blätter. Die hellgelben Blüten öffnen sich vor dem Blattaustrieb und blühen bis März.

Kolkwitzia – Kolkwitzie

Im späten Frühjahr und Frühsommer schmückt sich der bis zu 3 Meter hohe, laubabwerfende Strauch über und über mit einer Fülle von glockenförmigen, blass- bis dunkelrosa Blüten, die in dichten Schirmrispen zusammen stehen. Ob in Strauchrabatten oder als Solitärpflanze, in Blütenhecken oder Naturgärten – die zarte Blütenpracht verbreitet überall im Garten eine geradezu zauberhafte Stimmung.

Laburnum – Goldregen

Wer im Frühling und Frühsommer einmal beobachtet hat, wie die üppigen, leuchtend gelben Blütentrauben von den Zweigen des Goldregens herabhängen, weiß, dass die dekorative Pflanze ihrem Namen alle Ehre macht. Für den Garten empfiehlt sich beispielsweise der üppige Edelgoldregen, der etwa 4 bis 5 m hoch wird. Eine bewährte Sorte dieser Art ist 'Vossii', welche sich durch ihre besonders langen, kräftig goldgelben Blütentriebe auszeichnet.

Ligustrum – Rainweide

Bei den Arten der Gattung Ligustrum, auch als Liguster oder Rainweide bezeichnet, handelt es sich um immergrüne oder sommergrüne Sträucher oder Bäume. Die imposanten Gewächse, die Höhen von 3 bis 5 m erreichen, werden gern als Heckenpflanze verwendet. Wer es etwas verspielter mag, kann den Liguster auch in Säulen- oder Pyramidenform bringen oder als Hochstämmchen ziehen. Aus gelblich-weißen Blütenrispen entwickeln sich im Herbst kugelige blauschwarze Beeren.

Lonicera – Geissblatt

Bei den verschiedenen Geißblatt-Arten handelt es sich um laubwerfende oder immergrüne Schlinger, die an geeigneter Kletterhilfe und je nach Sorte 2 bis 10 m emporklettern können. Ihr Zierwert liegt sowohl in den roten, gelben oder weißen Blüten, die zwischen Mai und September erscheinen, als auch in den daraus entstehenden kugeligen roten oder schwarzen Früchten. Mit den attraktiven Kletterpflanzen lassen sich Wände und Zäune wunderbar begrünen, sie eignen sich als Wind- und Sichtschutz für Terrassen oder Lauben; manche Arten geben ohne Rankhilfe sehr dekorative Bodendecker ab.

Magnolia – Magnolie

Besonders wenn ihre beeindruckenden Blüten erscheinen, stehen die Magnolia-Arten überall im Mittelpunkt und zau-

bern eine ganz besondere Frühlingsstimmung in den Garten. Eine blühende Magnolie ist sicher der Traum jedes Gartenbesitzers. Ein Beispiel für eine sehr dekorative Art ist Magnolia liliiflora. Wie ihr deutscher Name Purpur-Magnolie schon vermuten lässt, trägt dieser buschige, laubabwerfende Strauch von April bis Juni kelchförmige, purpurrosa Blüten. Magnolia stellata, die aufgrund ihrer sternförmig angeordneten Blütenblätter auch als Sternmagnolie bekannt ist, blüht bereits von März bis April. Die weißen, zuweilen rosa überhauchten Blüten der Pflanze erscheinen noch vor dem Laubaustrieb und hüllen den Strauch in ein prachtvolles, duftendes Gewand ein.

Malus purpurea – Zierapfel

Wie so viele Ziergehölze hat auch der 4 bis 7 m hohe Zierapfel seinen großen Auftritt im Frühjahr, wenn er seine wunderbaren, purpurrosa Blüten trägt. Ein Beispiel für eine

besonders schöne Sorte ist Malus purpurea 'Eleyi' mit weinroten Blüten, aus denen sich hellrote Früchte entwickeln. Zudem gibt es auch sehr schöne Sorten mit gelben Früchten.

Nothofagus – Scheinbuche

Das besondere Merkmal der Scheinbuche sind ihre teilweise nur pfenniggroßen Blätter, wegen der sie auch als Pfennigbuche bekannt ist. In ihrer Heimat, den Bergen Chiles, kann der stattliche Baum bis zu 30 m hoch werden, in unseren Gärten bleibt es bei einer Höhe von 4 bis 6 m. Meist entwickelt sich die Scheinbuche zu einem Strauch, der durch seine eigenwillige Wuchsform zu einem außergewöhnlichen Blickfang wird. Aufgrund ihres markanten Erscheinungsbildes eignet sich Nothofagus am besten für Solitärstellung.

Pinus – Kiefer

Die Kiefer gehört zu den bescheidensten Gehölzen überhaupt, gleichzeitig aber auch zu einer der schönsten und formenreichsten Pflanzenfamilien. Ihr auffallendes Merkmal sind die dekorativen, meist langen Nadeln. Manche Kiefern-Arten werden über 20 m hoch. Für die Gestaltung kleinerer Gärten ist daher die Bergkiefer (Pinus mugo) besonders empfehlenswert, die maximal 5 m Höhe erreicht. Etwa genauso hoch wächst auch die so genannte Mädchenkiefer (Pinus parviflora). Die Weymouthkiefer (Pinus strobus) ist aufgrund ihrer weichen, graugrünen Nadeln auch unter der schönen Bezeichnung Seidenkiefer bekannt. Sie kann zu einem riesigen, über 30 m hohen Baum heranwachsen. Die attraktive Zwergform 'Radiata' wird jedoch lediglich 1,50 m hoch. Mit ihren besonders langen (10–20 cm), graugrünen bis blauen, bereiften Nadeln gehört die Tränenkiefer (Pinus wallichiana) zu den schönsten Arten ihrer Gattung. Die imposanten, bis zu 35 m hohen Gewächse eignen sich allerdings allein für größere Gärten.

PRUNUS CERAFISERA – KIRSCHPFLAUME

Die Kirschpflaume wird etwa 5 bis 7 m hoch. Normalerweise trägt sie dunkelgrüne Laubblätter und weiße Blüten. Gerade im romantisch gestalteten Garten sind aber die rotlaubigen Sorten, die auch als Blutpflaumen bekannt sind, zu empfehlen, da sie für besonders malerische Bilder sorgen. Ein gutes Beispiel ist 'Nigra', eine Sorte mit dunkelpurpurnem bis schwarzrotem Laub. Ihre Blüten, die zwischen März und Mai erscheinen, sind rosarot.

PRUNUS SERRULATA – JAPANISCHE ZIERKIRSCHE

Die wunderbaren weißen oder rosafarbenen Blüten dieses 3 bis 10 m hohen Ziergehölzes erscheinen zwischen März und April und hüllen den Baum in eine zarte, duftende Blütenwolke ein. Sie sorgen im Garten für ganz besondere Stimmung, die natürlich an die Kirschblüte in Japan erinnert. Eine sehr dekorative und empfehlenswerte Sorte ist die 'Kanzan', welche sich durch dunkelrosa, dicht gefüllte Blüten und eine sehr schöne Herbstfärbung auszeichnet.

ROBINA HISPIDA – STRAUCHROBINIE

Besonders beliebt sind Robinien wegen ihrer wechselständigen, gefiederten Blätter und der sehr dekorativen, hängenden Blütentrauben mit hell rosaroten Blüten, die von Mai bis Juni zu bewundern sind. Im Herbst reifen sie zu ebenfalls sehr attraktiven, borstigen braunen Hülsen. Der Strauch wächst aufrecht, ist sparsam verzweigt und erreicht eine Höhe von etwa 150 bis 300 cm.

TAXUS BACCATA – EIBE

Diese immergrünen Nadelgehölze mit ihrem baumförmigen oder strauchartigen Wuchs können ein hohes Alter erreichen. Taxus baccata, auch als Europäische oder Gemeine Eibe bekannt, ist eine sehr dekorative Art. Der Zierwert dieser giftigen Pflanze liegt sowohl in den dunkelgrünen, weichen, dicht stehenden Nadeln als auch in den im Herbst erscheinenden, roten, beerenartigen Früchten. Eiben können stattliche Höhen von 5 bis zu 8 Metern erreichen, was allerdings etliche Jahre dauert, denn sie wachsen extrem langsam.

Philadelphus – Pfeifenstrauch

Aufgrund seiner wundervoll duftenden, weißen, an Jasmin erinnernden Blüten, die zwischen Mai und Juli erscheinen, wird der Pfeifenstrauch auch als „Falscher Jasmin" bezeichnet. Die etwa 1 bis 4 m hohe Pflanze wirkt mit ihrer üppigen Blütenfülle sehr schön neben anderen blühenden Ziersträuchern, wie zum Beispiel Flieder. Auch in Kombination mit Rosen lassen sich romantische Bilder im Garten erzielen.

Spiraea – Spierstrauch

Die Blüten der Spiersträucher sind zwar sehr klein, stehen aber zu vielen in Dolden, Trauben oder Rispen zusammen, sodass sie in ihrer Fülle eine herrliche Blütenpracht darstellen. Je nach Art und Sorte erscheinen die weißen, rosafarbenen oder roten Blüten von April bis Juni (frühblühende Arten) oder von Juni bis September (sommerblühende Hybriden). Aus der unzähligen Vielfalt der Arten und Hybriden kann man zwischen verschiedenen Größen von 30 cm bis 250 cm Höhe wählen.

Viburnum – Schneeball

Der Schneeball blüht nicht etwa im Winter, sondern im Frühjahr; die deutsche Bezeichnung ist wohl eher auf das Aussehen der zumeist weißen Blüten zurückzuführen, die bei vielen Arten in kugeligen Rispen oder Gruppen zusammenstehen. Im Herbst wird die dekorative, zwischen 50 cm und 5 m hohe Pflanze durch ihre roten oder schwarzen Früchte zum Blickfang.

Gräser und Farne

Filigrane Schönheiten

Gräser und Farne sind Pflanzengruppen, die oft unterschätzt werden – doch das völlig zu unrecht. Es sind filigrane Schönheiten, ohne die im Romantikgarten etwas Entscheidendes fehlt: Sie schaffen überall dort, wo ansonsten nackte Erde pure Langeweile erzeugen würde, grüne Inseln mit bezauberndem Reiz.

Ihre Pracht erschließt sich oft erst auf den zweiten Blick, denn sie springen meist nicht so sehr ins Auge wie beispielsweise blühende Stauden. Aber während diese meist nur wenige Wochen im Jahr die Blicke auf sich ziehen, sorgen Gräser und Farne mit ihrem immergrünen Blattschmuck selbst im Winter noch für optische Attraktionen.

Ihre Schönheit beziehen sie aus einem unglaublich facettenrei-

Top-Ten Farne & Gräser

- Pennisetum compressum
- Phormium 'Burgundi'
- Cortaderia selloana
- Miscanthus sinensis 'Malepartus'
- Fargesia murielae
- Phyllitis scolopendrium
- Adiantum pedatum
- Blechnum spicant
- Asplenium trichomanes
- Athyrium filix-femina

chen Formspiel der Blätter. Das reicht vom millimeterschmalen Halm bis zum 30 cm breiten, hunderfach gegliederten Farnblattwerk.

Dabei gibt es nicht nur niedrig wachsende Arten: Einige von ihnen erreichen sogar mehrere Meter Höhe, allen voran die Bambus-Arten oder das Pampasgras. Aus dem dichten Halmwerk strecken sich die leuchtend weißen Wedel bis in mehrere Meter Höhe. Besonders faszinierend wirken die größeren Grasarten bei leichtem Wind. Dann scheint die ganze Pflanze in Bewegung zu sein und wiegt sich im Takt des Wetters hin und her.

Pflegeleichte Pflanzen

Alle Farne sind ausgesprochene Schattenliebhaber – sie mögen es gerne dunkel und feucht. Ideale Bedingungen finden sie vor allem im Schatten von großen Gewächsen, also besonders von Laub- und Nadelbäumen. Und genau hier sind sie fast konkurrenzlos. Denn sieht man einmal von Moosarten und einigen Steingewächsen ab, können sich im Schatten von Bäumen kaum andere Pflanzen entwickeln.

Gräser hingegen finden nahezu in jedem Bereich des Gartens ihren Platz, wobei sie es meist halbschattig lieben. Sie beleben gleichermaßen Pflanzbereiche wie Uferränder oder auch Steingärten. Man kann sie äußerst flexibel einsetzen.

Ein weiterer Vorteil von Gräsern und Farnen ist, dass sie sehr anspruchslos sind. Wenn sie sich erst einmal ihren Lebensraum erobert haben, kommen sie ohne große Pflege aus. Zudem wachsen sie in der Regel sehr langsam und breiten sich nur mäßig aus.

Pflanzen von A bis Z

Die Pflanzenauswahl

Grosses Spektrum – kleine Auswahl

Die Pflanzenportraits auf den folgenden Seiten informieren über besonders schöne und wichtige Gewächse für den Romantikgarten. Darunter finden sich nicht nur Einjährige und Stauden, sondern beispielsweise auch einige Wasserpflanzen wie die Seerosen oder Kleingehölze wie der Flieder.

Für jeden Romantikgarten empfehlenswerte Nutzpflanzen und Gehölze, Farne und Gräser sowie die Rosen sind in den vorangegangenen Kapiteln bereits vorgestellt worden. Deshalb sind sie im folgenden alphabetischen Teil nicht noch einmal aufgeführt.

Die Auswahl der portraitierten Gewächse spiegelt die gärtnerischen Empfehlungen der Redaktion. In einem kleinen Lexikon kann dabei nur eine Auswahl vorgestellt werden – es gibt sicherlich noch viele weitere Pflanzen, die man hier ansiedeln kann. So geht es hier nicht um Vollständigkeit, sondern vor allem um Anregungen, was im Romantikgarten angepflanzt werden kann.

Die Infoboxen

Damit die Auswahl für das eigene Pflanzenparadies etwas leichter fällt, findet sich bei jedem Portrait eine kleine Infobox. Sie informiert zunächst über den geeigneten Standort: Die Sonnensymbole zeigen an, ob sich das Gewächs an einem sonnigen, halbschattigen oder schattigen Standort wohl fühlt.

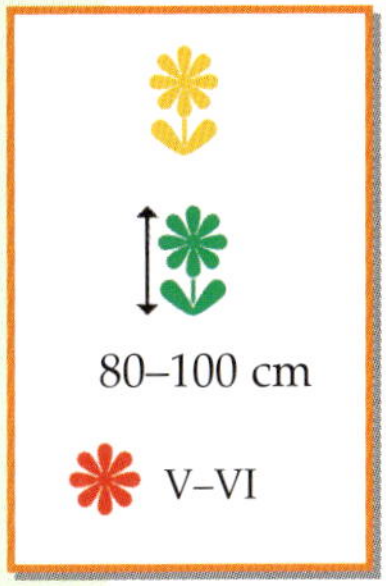

In der zweiten Zeile ist die Wachstumshöhe benannt. Diese kann je nach Sorte allerdings sehr unterschiedlich ausfallen. Bei mehreren Sorten beziehen sich die Angaben auf die häufigsten Arten – Verweise, welche Sorten eventuell höher oder niedriger wachsen, finden sich in den Textbeschreibungen.

Die Blütezeit schließlich ist in Monaten angegeben: Es sind die römischen Zahlen neben dem Blumensymbol. Wenn die Pflanze zu keiner Zeit ein Blütenbild zeigt, fehlt diese Angabe.

Achillea

30–100 cm

V–IX

Schafgarbe

Der Zierwert der beliebten Schafgarbe liegt sowohl in den grauen oder grünen, meist gefiederten Blättern, als auch in den hübschen, in Schirmrispen angeordneten Blütenköpfchen. Man unterscheidet bei der Schafgarbe eine Vielzahl verschiedener Arten. So gibt es beispielsweise weiß blühende Kleinpflanzen, goldgelbe, wuchtige Staudenbüsche, rot blühende Pflanzen, immergrüne oder einziehende Arten sowie Frühlings-, Sommer- und Dauerblüher.

Von jeher ist die Gemeine Schafgarbe (Achillea millefolium) eine bekannte Heilpflanze. Ihr wird unter anderem entzündungshemmende, entkrampfende, antiseptische und blutstillende Wirkung zugeschrieben. Der Sage nach wurde sie auch vom griechischen Helden Achilles während des Trojanischen Krieges als Heilkraut verwendet, was der Pflanze ihren botanischen Namen Achillea beschert hat.

Für welches Exemplar man sich entscheidet, hängt sowohl vom persönlichen Geschmack als auch vom Verwendungszweck im Garten ab. Hat man zum Beispiel einen Teich angelegt, sorgt Achillea ptarmica, auch bekannt als Sumpfschafgarbe, für malerische Bilder am Uferrand. Andere Arten, wie Achillea filipendulina, Achillea millefolium oder Achillea tomentosa eignen sich gut für Wildblumengärten oder Rabatten. Viele sind beliebte Schnitt- oder Trockenblumen.

Die relativ robuste Pflanze bevorzugt einen sonnigen Standort in gut durchlässigem Boden, denn Staunässe verträgt sie nicht. Regelmäßiges Entfernen von Verblühtem kann die Blütezeit verlängern. Beim Umgang mit der Achillea ist allerdings Vorsicht geboten, denn Berührungen der Blätter oder Schnittstellen der Pflanze können unter Umständen zu allergischen Hautreaktionen führen.

Aconitum

50–250 cm

VII–X

Eisenhut

Aufgrund seiner helmartigen Blütenform wird Aconitum auch als „Eisenhut" oder „Sturmhut" bezeichnet. Die Pflanze ist mit etwa 80 verschiedenen Arten in der nördlichen Hemisphäre verbreitet. Die wild wachsenden Eisenhutarten, die alle unter Naturschutz stehen, kommen in den Bergregionen Europas vor, wo sie in Gebirgswäldern, an Wegen, Bachufern und auf feuchten Wiesen zu finden sind. Aufgrund seiner ausgesprochenen Schönheit ist der Eisenhut eine Bereicherung für jeden Romantikgarten.

Giftige Geschichte

Der griechischen Sage nach entspross der Eisenhut aus dem Geifer des dreiköpfigen Höllenhundes Kerberos, der von Herkules aus der Unterwelt geholt wurde. Diese für ein äußerlich so attraktives Gewächs nicht besonders sympathische Entstehungsgeschichte rührt wohl daher, dass der Eisenhut zu den giftigsten Pflanzen Europas gehört. Bereits im Altertum wurde das Gift von vielen Kulturen als Pfeilgift bei der Tierjagd verwendet.

Die dekorative Pflanze eignet sich beispielsweise als Blickfang in Pflanzbereichen. Sie bevorzugt einen halbschattigen Standort in kühlem, feuchtem und nährstoffreichem Boden. Eisenhut verträgt aber auch Sonne. Die Blütezeit liegt zwischen Juni und August, beziehungsweise September. Dekorative Arten sind zum Beispiel:

- ACONITUM NAPELLUS: Diese auch als Blauer Eisenhut bekannte Art trägt intensiv blaue bis blauviolette Blüten. Sie wird etwa 50 bis 100 cm hoch.

- ACONITUM LAMARCKII: Der so genannte Pyrenäeneisenhut trägt seine gelben Blüten in großen Trauben oder Rispen und wird etwa 100 bis 120 cm hoch.

- ACONITUM VULPARIA: Die gelb blühende Pflanze ist auch als Gelber Eisenhut oder Wolfseisenhut bekannt. Sie erreicht eine Höhe von 50 bis 150 cm.

Allium

Lauch

Die Pflanzengattung der Lauchgewächse, Allium, ist mit etwa 280 Arten über die ganze Welt verstreut. Ihr Vorkommen erstreckt sich vom Flachland bis ins Gebirge.

Das Erscheinungsbild ist sehr unterschiedlich: Es gibt kleinere Arten von 10 cm Höhe, aber auch imposante Exemplare, die bis zu 150 cm hoch werden, wie den im Himalaja beheimateten Riesenlauch (Allium giganteum). Auch die Blütenfarben unterscheiden sich: Es gibt gelbe, blaue, rosafarbene, violette und weiße Arten.

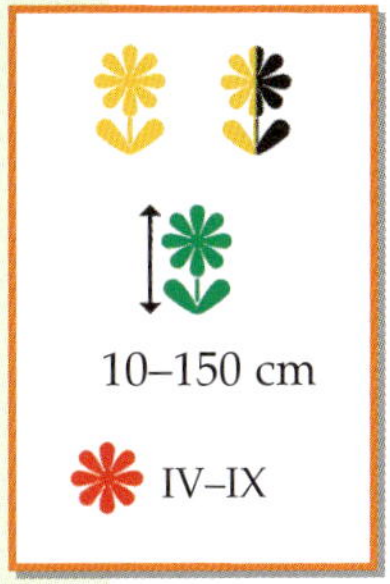

Die wohl bekannteste Art dieser Gattung ist sicher Allium schoenoprasum, der allgemein als Schnittlauch bekannt ist und hauptsächlich in der Küche Verwendung findet.

Der aus Ostspanien und Südfrankreich stammende, gelb blühende Goldlauch (Allium moly) ist ein sehr dekorativer Vertreter unter den Lauchgewächsen. Die Pflanze wird nur 20 bis 45 cm hoch. Aus rundlichen Zwiebeln entspringen die an Tulpenblätter erinnernden, grüngelben Blätter. Die Blütenstiele werden 15 bis 35 cm lang. Zwischen Mai und Juni erscheinen die Dolden mit vielen leuchtend gelben, sternförmigen Blüten.

Allium wächst an allen Standorten, sowohl in der Sonne als auch im Halbschatten. Für den Goldlauch sind allerdings absonnige oder leicht beschattete Plätze eher von Vorteil, denn in voller Sonne verbrennen leicht die Blattspitzen. Daher eignet sich diese Art besonders gut zum Unterpflanzen von Gehölzen, wo er auch gern verwildert. Eine weitere, sehr dekorative Art ist Allium christophii, der Sternkugellauch.

GÄRTNERTIPP

Zierlauch lässt sich sehr gut mit anderen Pflanzen kombinieren. Den ganzen Sommer über kann man die Blütenpracht des Zierlauchs genießen, wenn man frühe, mittlere und späte Arten zusammenpflanzt.

Althaea

30–150 cm

VII–IX

Stockrose

Die prächtige Stockrose, auch Stockmalve genannt, ist eine uralte Kulturpflanze, die aus dem Orient zu uns kam und schon seit längerer Zeit in den meisten Bauerngärten heimisch ist. Einzeln oder in kleinen Gruppen kann sie den Hintergrund eines Staudenbeetes sowie Mauern und Zäune verschönern.

Mit ihrer stattlichen Größe von über zwei Metern wirkt die Pflanze äußerst dekorativ, und die großen Blüten sind eine leuchtende Zierde in jedem Garten. Halb gefüllte und gefüllt blühende Sorten in Weiß, Gelb, Rosa, Rot, Purpur, Violett und schwarzroten Farbtönen sind ebenso zu finden wie Sorten mit gesprenkelten, geflammten und gestreiften Kronblättern. Die Blüten der Stockrose locken Hummeln, Bienen und andere Insekten an.

Die Pflanzen bevorzugen einen sonnigen, windgeschützten Standort und einen durchlässigen, nährstoffreichen Boden. Bei heißer, trockener Witterung müssen sie reichlich gegossen werden. An ungeschützten Standorten sollte man Stockrosen anbinden – möglicherweise eine Erklärung ihres Namens. Durch Abschneiden der Schäfte sofort nach dem Abblühen sorgt man für eine längere Lebensdauer.

Aufgrund ihrer Größe sind Stockrosen auch als Schnittblumen in hohen Vasen sehr attraktiv.

Anemone

10–120 cm

III–X

Windröschen

Der Name Anemone kommt von „nemos", dem griechischen Wort für Wind, und tatsächlich bewegen sich die zarten Blüten der auch als Windröschen bekannten Pflanze bereits beim kleinsten Windhauch. Die eher zerbrechlich wirkenden Blümchen sind von jeher das Symbol für Unschuld, Vertrauen, Vergänglichkeit und Verletzlichkeit. Aber der Schein trügt, handelt es sich bei den dekorativen Pflan-

zen doch um relativ anspruchslose und pflegeleichte Gewächse.

Im Garten bevorzugen sie einen sonnigen bis halbschattigen Standort. Besonders dekorativ wirken sie, wenn die Windröschen in kleinen Gruppen zusammenstehen. Je nach Art und Sorte erscheinen die Blüten, die weiß, rosa, rot, blau oder violett sein können, im Frühling, Sommer oder Herbst. Pflanzt man also verschiedene Arten, kann man sich fast das ganze Jahr hindurch von den zierlichen Naturschönheiten verzaubern lassen.

Sehr schöne Arten sind zum Beispiel Anemone blanda, die auch als Strahlenanemone bekannt ist und ihre Blüten bereits zwischen März und Mai trägt. Die Gartenanemone, Anemone coronaria, blüht ebenfalls im Frühling. Für Blumenschmuck zwischen August und Oktober sorgt dagegen die so genannte Japan- oder Herbstanemone, Anemone japonica.

Drama um Romantik, Liebe und Eifersucht

Bereits in der griechischen Mythologie inspirierte die Pflanze zu romantischen Geschichten. Der Sage nach war Anemona eine Nymphe am Hof der Göttin Flora. Als sich deren Mann, der Windgott Zephyr, in Anemona verliebte, wurde sie von der eifersüchtigen Ehefrau Flora in eine Blume verwandelt, die seitdem den Namen Anemone trägt.

Antirrhinum majus

20–100 cm

VI–X

LÖWENMÄULCHEN

Drückt man eine Blüte von Antirrhinum majus vorsichtig zwischen Daumen und Zeigefinger zusammen, dann öffnet sie sich wie ein kleines Maul – daher der deutsche Name Löwenmäulchen. Die Pflanze ist in vielen Farbtönen erhältlich und sorgt überall im Romantikgarten für fröhliche, bunte Akzente. Ob man die Löwenmäulchen nun mit schlicht weiß blühenden Pflanzen kombiniert oder Blumen mit gleicher Blütenfarbe wählt – der Fantasie sind keine Grenzen gesetzt.

Die Pflanzen können je nach Sorte Höhen von 20 bis zu 100 cm erreichen. Manche wachsen buschig und aufrecht, kleinere Arten auch polsterartig oder hängend. Die Blätter sind länglich und dunkelgrün. Zur Blütezeit zwischen Juni und Oktober erscheinen die weißen, roten, gelben, rosafarbenen, orangen oder auch zweifarbigen Blüten in aufrechten Trauben.

Das Löwenmäulchen zeigt sich an einem sonnigen Standort besonders blühfreudig, kommt aber auch im Halbschatten zurecht. Die höheren Arten und Sorten brauchen gegebenenfalls Halt in Form von Stäben. Wird Verblühtes stets entfernt, kann man den Blütenflor bis in den Herbst hinein genießen.

Sehr dekorativ wirkt Antirrhinum majus in kleinen oder größeren Gruppen gepflanzt auf Beeten und Rabatten. Während höhere Exemplare eine schöne Hintergrundpflanzung darstellen, eignen sich kleinere Sorten auch als Bodendecker, für Beeteinfassungen oder Kästen und Kübel. Löwenmäulchen liefern außerdem sehr schöne Schnittblumen.

Aquilegia

10–90 cm

IV–VIII

Akelei

Die auffällige, nickende Blütenform der dekorativen Akeleigewächse hat die Menschen zu vielen Bezeichnungen inspiriert. So sind die Pflanzen bspw. als Zigeunerglocken, Teufelsglocken, Kaiserglocken, Narrenkappen oder Tintenglocken bekannt. Die botanische Bezeichnung „aquilegia" leitet sich vom lateinischen Wort für Adler, „aquila" ab, was wohl darauf zurückzuführen ist, dass der gekrümmte Sporn dem Schnabel oder den Krallen eines Adlers ähnelt.

Im frühen Mittelalter wurden die Blüten und Samen der Akelei als Heilmittel gegen Geschwüre, Ausschläge und Krebs verwendet, in der Renaissance galt die Pflanze als Aphrodisiakum.

Die gruppenbildenden Stauden besitzen langstielige, gelappte oder gefingerte, blaugrüne Blätter. Die

charakteristischen Blüten, deren Farbspektrum von Weiß über Blau und Violett bis zu Purpurtönen und Rot reicht, erscheinen je nach Art und Sorte zwischen April und August. Die Pflanzen werden zwischen 10 und 90 cm hoch.

Am besten gedeiht die relativ anspruchslose Aquilegia an einem sonnigen bis halbschattigen Plätzchen auf frischem und lockerem Boden. Sie eignet sich auch besonders gut als Schnittblume.

Aster

15–150 cm

IX–X

ASTER

Die Astern sind eine weltweit verbreitete und sehr artenreiche Pflanzengattung. Die botanische Bezeichnung Aster leitet sich von dem Wort „astrum" ab, was soviel wie „Stern" oder „Gestirn" bedeutet. Damit wird auf die strahlenförmige Anordnung der Strahlen- beziehungsweise Zungenblüten verwiesen. Sie stehen einzeln, in engständigen Schirmrispen, Trauben oder Rispen und erinnern mit ihren meist gelben Röhrenblüten an Margeritenblüten.

Bei dem großen Angebot an verschiedenen Asternarten sind die Herbstastern sicher besonders interessant, weil sie zwischen September und Oktober blühen und so für Farbenpracht im herbstlichen Garten sorgen, wenn viele Sommerblüher bereits verwelkt sind. Hier bieten sich beispielsweise Rauhblattastern (Aster novae-angliae), Glattblattastern (Aster novi-belgii), oder Kissenastern (Aster dumosus) an.

An einem Standort in Sonne bis Halbschatten fühlt sich die Aster besonders wohl. Die vielseitige Pflanze eignet sich für verschiedene Gestaltungsmöglichkeiten im Garten. Ob in Rabatten oder auf Wildwiesen – mit den hübschen Blüten, die je nach Sorte weiß, blau, violett oder rosa sein können, werden überall dekorative Akzente gesetzt. Je nach Art und Sorte werden die Pflanzen 15 bis 150 cm hoch.

Astilbe

PRACHTSPIERE

Die dekorativen Astilben mit ihren auffälligen, federartigen Blütenständen tragen ihren deutschen Namen Prachtspiere zu Recht, sind sie doch überall ein wahrer Blickfang. Selbst im Herbst und Winter, wenn die roten, rosafarbenen, purpurnen oder weißen Blüten vertrocknet sind und sich braun gefärbt haben, besitzt die attraktive Pflanze noch hohen Zierwert.

Neben diversen Arten, wie Astilbe chinensis, werden mittlerweile in Gärten oft Hybriden kultiviert, wobei die Astilbe-Arendsii-Hybriden mit ihren besonders langen Blütenständen wohl die beliebtesten sind. Die weiß blühende 'Brautschleier', die rosa blühende 'Bressingham Beauty' oder die granatrot blühende 'Fanal' sind nur Beispiele für die wunderbare Farbenvielfalt.

Prachtspieren zeichnen sich durch üppigen Wuchs und ein fein gefiedertes Blattwerk aus. Je nach Art und Sorte werden sie etwa 20 bis 90 cm hoch. Die dekorativen Blüten erscheinen zwischen Juli und September.

Der Lichtbedarf von Astilben ist auch vom Standort im Garten abhängig. So vertragen sie in feuchter Erde oder an sumpfigen Stellen, wie zum Beispiel Teichrändern, volle Sonne, während sie in trockeneren Böden besser im Halbschatten gedeihen.

Aubrieta

5–15 cm

IV–VI

BLAUKISSEN

Der französische Tier- und Pflanzenmaler Claude Aubriet, der die dekorative Pflanze im 17. Jahrhundert auf einer Entdeckungsreise mit einem Botaniker malte, stand Pate bei ihrer Namensgebung. Ursprungsheimat der Aubrieta sind Bergregionen in Süd- und Osteuropa sowie Vorderasien.

Das Blaukissen bildet, wie der deutsche Name schon vermuten lässt, dichte Polster aus kleinen, spatelförmigen, grau behaarten Blättern, die etwa 5 bis 15 cm hoch werden. Ein besonders attraktives Merkmal der Aubrieta ist die überreiche Blütenfülle. Zwischen April und Juni machen die Blaukissen ihrem Namen alle Ehre. Dann sind sie üppig mit meist blauen und violetten, bei manchen Sorten auch roten oder rosafarbenen Blüten übersät.

Die Pflanze bevorzugt einen warmen und vollsonnigen Standort auf durchlässigem, nährstoffreichem, kalkhaltigem Boden. Im Garten eignet sie sich gut für Mauern sowie als Bodendecker. Auch in Pflanztrögen bildet sie auffällige Blütenteppiche. Heutzutage sind verschiedene dekorative Sorten und Hybriden der Aubrieta erhältlich, deren Farbspektrum von Blau über Violett bis Rosa und Rot reicht.

Begonia

15–50 cm

V–X

Begonie

Früher meist als Zimmerpflanzen genutzt, sind Begonien blühende Universaltalente: Da die ursprünglich aus Südamerika stammenden Pflanzen leicht zu kreuzen sind, entstand durch Züchtung von Hybriden eine riesige Auswahl hängender und stehender Arten, mit gefüllten und einfachen Blüten in allen Farben außer Blau und Violett.

Begonien sind berühmt für ihre besonders lange Blütezeit, die von Mai bis Oktober reicht. Die teils rosen- oder anemonenartigen Blüten sind bis zu 10 cm groß, die Blütenblätter können stark gekräuselt oder gefranst sein.

Da Begonien nicht winterhart sind, werden sie erst im Mai nach den Eisheiligen ins Freie gepflanzt. Will man die Blütezeit verfrühen, so setzt man die Knollen schon im April in Töpfe und stellt sie bis Mai im Zimmer auf. Sobald keine Frostgefahr mehr besteht, können die Pflanzen dann nach draußen umgesiedelt werden.

Dort bevorzugt die Begonie einen halbschattigen Platz und eignet sich somit für Standorte mit Morgen- oder Abendsonne. Darüber hinaus benötigt die Pflanze relativ viel Wasser. Die Erde sollte immer leicht feucht gehalten und der Boden gelegentlich gedüngt werden. Großblumige Sorten werden durch Stäbe gestützt, Verblühtes sollte man regelmäßig entfernen.

Bellis

Maßliebchen

Das in ganz Europa heimische Maßliebchen ist im Volksmund unter vielen verschiedenen Namen bekannt, zum Beispiel als Gänseblümchen, Augenblümchen, Marienblümchen oder Tausendschön. Der botanische Name leitet sich aus dem Lateinischen ab, wobei „bellis“ soviel bedeutet wie „schön“.

Jedem ist sicherlich das wild wachsende Gänseblümchen bekannt, das in Gärten, besonders auf Rasen, oft als Unkraut betrachtet wird. Interessanter sind die neueren Züchtungen, die rein optisch allerdings nur noch wenig mit der Wildform gemein haben. Darunter gibt es Sorten mit größeren Blüten, die gefüllt, weiß, rosa oder rot sein können und je nach Sorte zwischen März und September zu bewundern sind. Diese wuchskräftigen Pflanzen werden etwa 5 bis 20 cm hoch.

Die hübschen Blumen eignen sich für die Bepflanzung von Beeten und Rabatten, aber auch für Tröge und Schalen. An einem sonnigen bis halbschattigen Standort gedeiht das Maßliebchen am besten.

Die Erde sollte feucht, nährstoffreich und gut wasserdurchlässig sein. Regelmäßiges Abknipsen der verwelkten Blüten sorgt für einen lang anhaltenden Blütenflor. Beispiele für dekorative Sorten sind 'Habanera', 'Pomponette', 'Roggli' oder 'Tasso'.

5–20 cm

III–IX

Bergenia

20–60 cm

III–V

Bergenie

Mit ihren großen, rundlichen, lederartigen Laubblättern sind die immergrünen Bergenien das ganze Jahr über ein bemerkenswerter Schmuck in jedem Garten. Zudem sind sie relativ pflegeleicht und stellen nur geringe Ansprüche an den Boden.

Die schnellwüchsigen Stauden besitzen einen kräftigen, kriechenden Wurzelstock. Im Frühjahr, zwischen März und Mai, schieben sich dichte Trugdolden an den fleischigen Stängeln nach oben, die aus vielen glöckchenförmigen Einzelblüten bestehen.

Diese leuchten je nach Art und Sorte in den Farben Rot, Rosa oder Weiß. Verschiedene Sorten blühen auch noch später im Jahr. Insgesamt werden Bergenien 20 bis 60 cm hoch.

An einem Standort in Sonne bis Halbschatten gedeihen die Pflanzen besonders gut. Sie bevorzugen einen humosen, feuchten und gut durchlässigen Boden, kommen aber unter Umständen auch mit unwirtlicheren Bedingungen zurecht. Ein solcher Standort kann sogar die dekorative Winterfärbung, die viele der Arten aufweisen, verstärken.

Ein Beispiel für eine sehr schöne Bergenien-Art ist Bergenia purpurascens. Sie besitzt oberseits tiefgrüne, unterseits purpurrote Blätter, die sich im Winter ganz rötlich färben. Die besonders attraktiven Blüten erstrahlen ebenfalls in Purpurrot.

Buddleia

Sommerflieder

Buddleia wird auch Sommerflieder oder Schmetterlingsstrauch genannt. Letzteren Namen trägt er, weil seine nektarreichen Blüten während des Sommers sehr viele Schmetterlinge anlocken, was für wunderschöne Bilder sorgen kann. Die Gattung umfasst etwa 100 verschiedene Arten zum Teil immergrüner Sträucher oder kleiner Bäume, die in Asien, Afrika sowie Nord- und Südamerika beheimatet sind.

Besonders beliebt sind die Pflanzen wegen ihrer langen Blütenstände aus winzigen, röhrigen, meist duftenden Blüten. Sie erscheinen je nach Art und Sorte zwischen

Juni und Oktober, wobei ihre Farbpalette von Rosa und Violett über Orange bis Gelb reicht.

Die Pflanze liebt sonnige Standorte und gut drainierte Erde. Da sie stattliche Höhen von 200 bis 500 cm erreicht, sollte man genügend Platz einkalkulieren. Gut geeignet ist der Sommerflieder beispielsweise für gemischte oder strauchige Rabatten.

200–500 cm

VI–X

Schöne Arten sind Buddleia alternifolia mit dunkelgrünen bis silbergrünen Blättern und hellvioletten Blüten, oder Buddleia davidii mit mittel- bis graugrünen Blättern und flieder- bis purpurfarbenen, duftenden Blüten.

Butomus umbellatus

Blumenbinse

Die in allen gemäßigten Zonen Europas und Asiens verbreitete Butomus umbellatus wird auch Blumenbinse oder Schwanenblume genannt. Sie zeichnet sich besonders durch ihre sehr dekorativen Blütenstände aus und gehört wohl zu den schönsten heimischen Sumpfpflanzen.

Die mehrjährige Blumenbinse trägt grundständige, länglich linealische, dreikantige Blätter von dunkelgrüner Farbe, die zur Blütezeit zwischen Juni und August von den doldenähnlichen, lang gestielten Blütenständen überragt werden. Die besonders zierenden Blüten sind in der Regel rosafarben mit dunkelroter Äderung, wie etwa bei der kräftig dunkelrosa blühenden Sorte 'Rosenrot'. Es gibt aber auch weiß blühende Sorten, wie z.B. 'Schneewittchen'. Die Wuchshöhe der Blumenbinse beträgt etwa 50 bis 100 cm.

Die Pflanze gedeiht am besten an einem sonnigen bis halbschattigen Standort. An einem Teich im Romantikgarten kann die Blumenbinse für wundervolle Akzente am Gewässerrand sorgen, denn auf schlammigen, feuchten, nährstoffreichen Böden fühlt sich die Pflanze besonders wohl. Sie gedeiht sogar in Wassertiefen von 20 bis 50 cm.

Buxus

30–500 cm

III–V

BUCHSBAUM

Der immergrüne Buchs oder Buchsbaum ist ein wahres Universaltalent im Garten: In Form kleiner Hecken sorgt er für Struktur und schafft Räume, er fasst kleine Sitzplätze ein oder rahmt besondere Solitärgewächse, Brunnen oder Skulpturen. Ein Buchsbaum kann aber auch selbst zum malerischen Blickfang werden, wenn er nämlich liebevoll verspielt oder sogar künstlerisch beschnitten wird.

Ob als Kugel, Spirale, Pyramide, Kegel, Herz oder in Tierform – der Fantasie sind praktisch keine Grenzen gesetzt und ein besonderer Blickfang im Garten ist garantiert. Eine romantische Anmutung lässt sich zudem erzeugen, wenn niedrig gehaltene Buchsbaumhecken beispielsweise üppig blühende Staudenbeete einfassen. Die dichten, mit dunkelgrün glänzenden, zuweilen auch mit gemusterten Blättern belaubten Zweige machen den Buxus das ganze Jahr über zu einem attraktiven Begleiter für verschiedenste Blütenschmuckpflanzen.

Je nach Art und Sorte kann der Buchsbaum etwa 30 bis 500 cm hoch werden. Er besitzt kleine, eiförmige Blätter, die vor allem bei warmem Wetter einen etwas strengeren Geruch verströmen. Zwischen März und Mai erscheinen die eher unscheinbaren gelblichen bis gelbgrünen Blüten. Alle Pflanzenteile, besonders die Blätter, sind giftig.

Der Buchsbaum ist relativ anspruchslos und einfach zu pflegen. Er fühlt sich an sonnigen wie halbschattigen Plätzen gleichermaßen wohl und kann sich sogar an schattige Stellen gewöhnen. Bei voller Sonne sollte man allerdings darauf achten, dass diese Pflanze nicht zu stark austrocknet. Das ganze Jahr hindurch kann man zudem die Bäume durch Schneiden kompakt halten.

Calendula

20–70 cm

VI–X

Ringelblume

Die Garten-Ringelblume (Calendula officinalis) zählt nicht nur zu den ältesten bekannten Zierpflanzen, sondern wurde bereits im Mittelalter aufgrund ihrer antibakteriellen Eigenschaften als Heilpflanze geschätzt und zur Behandlung von Wunden und Entzündungen eingesetzt. Auch heute noch ist die Ringelblume Bestandteil vieler Hautcremes und Salben.

Doch Calendula zeichnet sich nicht nur durch ihre heilende Wirkung aus – die Blüten finden auch in der Küche Verwendung, zum Beispiel in Salaten, Desserts oder auch Getränken. Früher wurden die kräftig gelb-orangefarbenen Blätter zudem als Safran-Ersatz oder zum Verschneiden von Safran benutzt.

Die einjährige Pflanze ist von aufrechtem, oft buschigem Wuchs und besitzt lanzettliche, aromatische Blätter. Zwischen Juni und Oktober erscheinen die margeritenähnlichen, hellgelb bis dunkelorange gefärbten Blüten an langen Stielen. Ringelblumen werden zwischen 20 und 70 cm hoch, an einem sonnigen, warmen Standort fühlen sie sich besonders wohl. In kleineren oder größeren Gruppen zusammengesetzt verschönert die dekorative Pflanze den Romantikgarten, wobei sie mit ihren leuchtenden Blüten für fröhliche Farbakzente sorgt. Die Ringelblume eignet sich außerdem sehr gut als Schnittblume, die sich auch gut trocknen lässt.

Calla palustris

Sumpfkalla

15–30 cm

V–VIII

Diese auch Schlangenkraut oder Drachenwurz genannte Sumpfpflanze gehört zur Familie der Aronstabgewächse und zeichnet sich vor allem durch ihre besondere Blütenform aus. Ein grünlicher bis gelblicher Kolben wird von einem weißen Hüllblatt umfasst, dessen Form der eines Laubblattes ähnelt. Die Blütezeit liegt zwischen Mai und August. Die glänzenden und frisch- bis dunkelgrünen Blätter sind an der Basis herzförmig eingeschnitten. Später entwickeln sich aus der Blüte dann kräftig rote, dichte Beeren.

Die Calla palustris kommt ursprünglich in Sümpfen und an Ufern stehender oder fließender Gewässer vor, und zwar sowohl in Nord-, Mittel- und Osteuropa als auch in Nordasien und Nordamerika. Ein Standort am Uferrandbereich eines Gartenteiches ist geradezu ideal für die dekorative Sumpfpflanze. Wunderbare Bilder lassen sich hier in Kombination mit anderen Sumpfpflanzen wie Sumpfdotterblume oder Binsen erzielen.

Die Sumpfkalla wird 15 bis 30 cm hoch. Sie stellt keine besonderen Ansprüche an die Lichtverhältnisse, das heißt, sie gedeiht sowohl in sonniger Lage als auch im Schatten.

Die Wurzeln dürfen jedoch nicht austrocknen. Ein gleichmäßig hoher Wasserstand von 5 bis 10 cm ist optimal für ein schönes Wachstum. Beim Umgang mit dem Gewächs ist Vorsicht geboten, denn alle Pflanzenteile sind hochgiftig und können Hautreizungen hervorrufen.

Campanula

10–100 cm

V–VIII

Glockenblume

Von jeher haben Glockenblumen mit ihrer charakteristischen Blütenform Dichter und Erzähler inspiriert. Besonders die blauen Sorten symbolisieren Romantik.

Die wie kleine Glöckchen erscheinenden zarten Blüten der Campanula wirken ganz bezaubernd. Man unterscheidet niedrig wachsende, polsterbildende Stauden von den hohen Glockenblumen mit größeren Blüten.

Die etwas niedrig wachsenden Arten werden in der Regel zwischen 10 und 15, manche bis 30 cm hoch. Die Stauden sind meist polsterartig oder buschig, die so genannte Hängepolsterglockenblume (C. poscharskyana) bildet lange Triebe und eignet sich so beispielsweise für Trockenmauern.

Die hoch wachsenden Arten der Campanula variieren in Größe und auch Blütenform. So stehen die Blüten der Knäuelglockenblume in Büscheln zusammen, die der Riesenglockenblume erscheinen in doldenartigen Rispen und die der Pyramidenglockenblume in schlanken Blütenkerzen. Die tonangebenden Farben der Campanula sind Weiß, Blau und Violett.

Campanula blüht je nach Art zwischen Mai und August. Die Pflanze bevorzugt einen warmen sonnigen, feuchten, aber durchlässigen Standort.

Centranthus ruber

40–100 cm

VI–IX

Rote Spornblume

Die Heimat der Roten Spornblume liegt im Mittelmeergebiet sowie in West- und Südeuropa, wo sie auf trockenen Plätzen und an sonnigen Straßenrändern zu finden ist. Im Garten sorgt die dekorative Pflanze mit ihren zahlreichen und langlebigen Blütenständen für mediterranes Flair und romantische Stimmung.

Die büschelbildende, vielästige Staude besitzt blaugrüne, leicht fleischige, lanzettliche bis eiförmige Blätter. Zwischen Juni und Juli erscheinen die meist dunkelrosaroten, doldenförmigen Blüten, bei denen der Sporn doppelt so lang ist wie der Fruchtknoten. Nach der ersten Blüte empfiehlt es sich, die Spornblumen zurückzuschneiden, denn so fördert man die Nachblüte von August bis in den September hinein. Die Rote Spornblume kann eine Höhe von etwa 40 bis 100 cm erreichen.

Centranthus ruber bevorzugt einen sonnigen Platz im Garten und gedeiht in kalkhaltigem, gut durchlässigem Boden besonders gut. Die relativ anspruchslose Pflanze eignet sich ideal für die Begrünung von alten Mauern oder trockenen, steinigen Böschungen. Die duftenden Blüten werden gern von Bienen oder anderen Insekten besucht. Zwei attraktive Sorten der Spornblume sind die scharlachrote 'Coccineus' sowie die weiß blühende 'Albiflorus'.

Chaenomeles

150–300 cm

III–IV

Zierquitte

An Zierquitten hat man das ganze Jahr über Freude: Im Frühjahr tragen sie wunderhübsche Blüten. Im Sommer reifen ihre Früchte, die man im Herbst ernten kann. Die am Strauch verbleibenden Fruchtreste bieten im Winter zahlreichen Vögeln willkommene Mahlzeiten. Und wir selbst können uns im Winter an köstlichen Marmeladen und Gelees aus der Zierquitte erfreuen.

Zierquitten kommen ursprünglich aus dem asiatischen Raum und gehören zur Familie der Rosengewächse. Das sieht man ihnen vor allem während der Blütezeit an, denn die kleinen, je nach Sorte roten, weißen oder rosafarbenen Blüten erinnern an Wildrosen. Am häufigsten anzutreffen sind die zahlreichen Hybridformen der Chaenomele wie die japanische Zierquitte (C. japonica) oder auch die chinesische Zierquitte (C. speciosa). Die Japonica wächst bis höchstens 2 Meter hoch und breitet sich buschig aus. Die Speciosa wird deutlich höher und ausladender (bis 3 Meter).

Die Blüten der Zierquitte, die mit 2 bis 3 cm nicht besonders groß sind, wirken intensiver, da sie immer in kleinen Gruppen von zwei bis vier Einzelblüten zusammenstehen. Sie erscheinen gleichzeitig mit den grün glänzenden Blättern, die oval und leicht zugespitzt sind.

Die Fruchtform der Zierquitte ist für den botanischen Namen verantwortlich. Dieser setzt sich zusammen aus dem griechischen Worten „chainein“ für Gähnen oder Klaffen sowie „melon“ für Apfel – zu Deutsch also „auseinander klaffender Apfel“. Die stark duftende Frucht ist – wie die echte Quitte – essbar und enthält viel Vitamin C.

Chrysanthemum

Margerite

Der botanische Name der auch als Wucherblume bezeichneten Pflanze leitet sich von den griechischen Wörtern „chrysos" und „anthemon" ab. „Chrysos" bedeutet so viel wie „Gold" und „anthemon" so viel wie „Blüte". Man könnte sie also auch mit „Goldblüte" übersetzen.

Wer in seinem Garten Blumenbeete und Rabatten mit den dekorativen Chrysanthemen beleben will, kann heutzutage aus einer unglaublichen Arten- und Sortenvielfalt wählen. Die Unterschiede bestehen dabei hauptsächlich in verschiedenen Blütenformen und -farben. Das Farbspektrum reicht von Weiß und Gelb über Rosa bis hin zu Purpur oder Rot. Für den Romantikgarten bieten sich zarte Farbtöne wie Rosa oder Weiß an.

Der Wuchs der Margerite ist unterirdisch kriechend, oder sie bildet kleine Polster. Die dunkelgrünen Blätter sind je nach Art und Sorte gezähnt oder gefiedert. Die Pflanzen werden zwischen 10 und 80 cm hoch. Chrysanthemum bevorzugt einen Standort in voller Sonne, sollte allerdings nicht zu trocken stehen. Es empfiehlt sich, Verblühtes regelmäßig zu entfernen.

10–80 cm

VI–IX

Eine schöne Art ist Chrysanthemum parthenium, auch bekannt als Goldkamille oder Mutterkraut. Die Pflanze bildet runde, kompakte Büsche und trägt einfach-fiederteiliges Laub sowie gelbe Röhren- und weiße Zungenblüten.

Cimicifuga

40–200 cm

VII–X

Silberkerze

Cimicifuga trägt ihren deutschen Namen Silberkerze zu Recht, denn sie besticht optisch besonders durch ihre beeindruckenden, eleganten Blütenstände, die sich an langen Stängeln wie silbrige Kerzen über das Laub erheben. Die Pflanze ist in gemäßigten nördlichen Breiten beheimatet, wo sie zumeist an feuchten, schattigen Grasstandorten oder in Wäldern zu finden ist.

Auch im Romantikgarten sollte man für die Silberkerze einen Platz wählen, welcher ihrem Naturstandort entspricht. Hier bieten sich beispielsweise feuchte Rabatten oder Gehölzgärten an. Cimicifuga bevorzugt Halbschatten oder Schatten und eignet sich daher gut zur Verschönerung von Stellen, an denen viele Blühpflanzen nicht gedeihen können.

Das grüne oder auch bräunliche Laub der Silberkerze ist gefiedert und hat einen stark gezähnten Rand. Je nach Art und Sorte erscheinen die schönen weißen bis cremefarbenen Blütentrauben oder -rispen an langen dünnen Stielen zwischen Juli und Oktober. Die Pflanze wird etwa 40 bis 200 cm hoch.

Beispiele schöner Arten sind die Julisilberkerze (Cimicifuga racemosa), die Septembersilberkerze (Cimicifuga ramosa) oder Oktobersilberkerze (Cimicifuga simplex), wobei sich die deutschen Bezeichnungen nur auf die Blütezeit beziehen.

Clematis

WALDREBE

Die Beliebtheit der Clematis ist wohl in erster Linie auf ihre wunderschöne, üppige Blütenpracht zurückzuführen, wegen der sie für viele auch als „Königin der Kletterpflanzen“ gilt. Zur Begrünung von Mauern, Lauben, Spalieren oder Pergolen ist sie geradezu prädestiniert, denn mit ihren bezaubernden Blüten lassen sich überall malerische Bilder schaffen. Dekorativ wirkt sie auch über größere Sträucher oder Bäume gezogen.

Im Handel wird heutzutage eine fast unüberschaubare Artenvielfalt angeboten. Die verschiedenen Arten und Sorten unterscheiden sich hauptsächlich in Wuchs- und Blattform, Blütezeit sowie Form und Farbe der Blüten. Für welche man sich letztendlich entscheidet, hängt also vom jeweiligen persönlichen Geschmack und vom Verwendungszweck ab.

Wie die deutsche Bezeichnung Waldrebe schon nahelegt, handelt es sich bei Clematis ursprünglich um eine Waldpflanze. So ist es verständlich, dass sie sich an einem halbschattigen Standort wohl fühlt. Idealerweise sind dabei die Blüten im Licht, während der Wurzelbereich möglichst kühl und schattig liegen sollte. Um einen „kühlen Fuß" zu gewährleisten, kann man die Clematis mit niedrigen Gewächsen unterpflanzen, oder mit Steinen oder einer Mulchschicht abdecken. Der Boden sollte fruchtbar, humos und gut durchlässig sein.

60–800 cm

IV–X

Convallaria majalis

Maiglöckchen

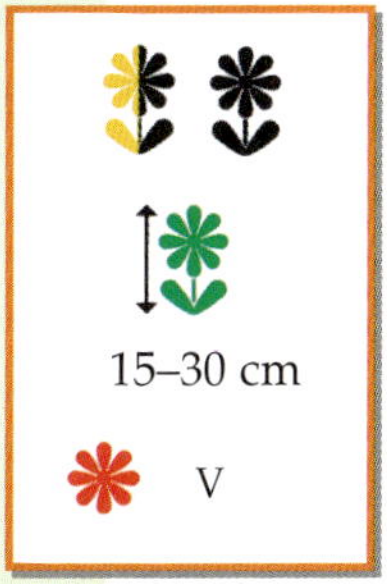

Im Wonnemonat Mai, wenn der Garten seine frische Frühlingspracht entfaltet, hat auch das attraktive Maiglöckchen seinen großen Auftritt als Vorbote des Sommers. Dem Charme dieser zierlichen Pflanze mit ihren niedlichen, wundervoll duftenden Blüten kann sich kaum jemand entziehen.

Mit ihren ausläufertreibenden Rhizomen ist die Pflanze von flächendeckendem Wuchs. Sie besitzt elliptische bis breit lanzettliche, dunkelgrüne Blätter, die auch nach der Blüte noch einen gewissen Zierwert haben. Aus den kleinen, glockenförmigen weißen Blüten, die in Trauben an einem blattlosen Stiel stehen, entwickeln sich später leuchtend orangerote, beerenartige Früchte. Insgesamt wird das Maiglöckchen 15 bis 30 cm hoch.

An einem halbschattigen bis schattigen Plätzchen, zum Beispiel in lichten Gebüschen, auf Wiesen sowie an Gehölz- oder Heckenrändern oder unter Laubbäumen fühlt sich die Pflanze besonders wohl. Der Boden sollte frisch und humos sein. Das Maiglöckchen eignet sich auch sehr gut als Schnittblume.

Vorsicht ist geboten, sollten sich kleine Kinder im Garten aufhalten: Alle Teile der Pflanze sind stark giftig.

Convolvulus sabatius

15–25 cm

VI–X

Blaue Mauritius, Trichterwinde

Die Gattung Convolvulus umfasst viele verschiedene Arten aufrechter, kletternder oder klimmender Einjähriger, Stauden, Sträucher oder Halbsträucher. Ein Beispiel für eine bekannte und sehr schöne Art ist Convolvulus sabatius, die auch unter der botanischen Bezeichnung Convolvulus mauritanicus oder dem deutschen Namen Blaue Mauritius geführt wird.

Die Pflanze wächst halbstrauchartig und besitzt zahlreiche niederliegende oder hängende, dünne Stängel. Die länglichen bis breit eiförmigen Blätter sind von mittelgrüner Farbe. Von Juni bis Oktober erscheinen die flach trichterförmigen und, wie der deutsche Name schon andeutet, leuchtend blauen Blüten. Convolvulus sabatius erreicht eine Höhe von 15 bis 25 cm, wobei die hängenden Triebe etwa 50 cm lang werden können.

An einem geschützten, vollsonnigen Standort und in durchlässigem Boden gedeiht die Blaue Mauritius besonders gut. Ansonsten ist die Pflanze relativ pflegeleicht. Sie sollte gleichmäßig feucht gehalten werden, wobei Staunässe allerdings zu vermeiden ist.

Sehr dekorativ wirkt Convolvulus sabatius an Böschungen oder in Rabatten. Sie eignet sich auch hervorragend für die Bepflanzung von Ampeln oder Pflanzschalen.

Cosmos bipinnatus

50–120 cm

VII–X

Schmuckkörbchen

Der besondere Zierwert des Schmuckkörbchens liegt sowohl in seinem duftigen, zierlich wirkenden Laub als auch in den zarten, an Anemonen erinnernden Blüten. Die Pflanze besitzt die besondere Eigenschaft, ihre Hauptblüte erst an den kürzer werdenden Tagen zu entwickeln. So kann man sich vom Spätsommer bis in den Herbst hinein an der herrlichen Farbenpracht erfreuen.

Die aufrecht und breitbuschig wachsende Einjährige besitzt hellgrüne, doppelt gefiederte, fast nadelförmige Blätter und wird etwa 50 bis 120 cm hoch. Von Juli bis Oktober erscheinen die großen weißen, rosafarbenen oder roten Schalenblüten mit gelber Mitte.

Besonders gut gedeiht das ursprünglich zwischen Mexiko und Brasilien beheimatete Schmuckkörbchen an einem warmen und sonnigen Platz in nährstoffreichem, durchlässigem Boden. Regelmäßiges Entfernen von Verblühtem regt sowohl Wachstum als auch Blütenbildung an.

Die dekorativen Blühpflanzen eignen sich für vielerlei Gestaltungsmöglichkeiten. Sie wirken schön auf Sommerblumenbeeten, in Rabatten oder Bauerngärten, sowie vor Hauswänden und Zäunen. Für den Romantikgarten bieten sich besonders die rosa- oder weißblühenden Sorten an.

Cyclamen

5–30 cm

X–III
II–III
VIII–X

Alpenveilchen

Das Alpenveilchen gehört zu den Pflanzen, die im Winter für attraktive Farbtupfer im Garten sorgen können. Mit seinem aparten, teils kräftig gemusterten Laub und den zarten, unregelmäßig gewellten Blüten, die sich auf dünnen Stängeln daraus erheben, wirkt es elegant und zerbrechlich. Die unverwechselbare Blütenform hat sogar einige Künstler des Jugendstils inspiriert.

Für den Romantikgarten bietet sich vor allem das Efeublättrige Alpenveilchen (Cyclamen hederifolium) an: Die wintergrünen Blätter, die sich im Sommer einziehen, wirken efeuartig, die Blüten erscheinen rosa oder weiß. Es blüht ab September meist bis zum ersten Frost. Das Cyclamen coum hingegen, auch Februaralpenveilchen genannt, blüht manchmal bereits im Februar. Von Juli bis Oktober hingegen zeigen sich die rosa oder rosaroten Blüten des Wilden Alpenveilchens (C. purpurascens). Es ist immergrün, die herz- bis nierenförmigen Blätter sind auf der Oberseite oftmals silbrig marmoriert.

Die aparten Knollengewächse gedeihen gut im Halbschatten und eignen sich deshalb ausgezeichnet zum Unterpflanzen von Bäumen und Sträuchern. So bringen sie Farbe in weniger helle Ecken des Gartens. Ideal ist ein humoser, wasserdurchlässiger, kalkhaltiger Boden.

Dahlia

Dahlie

Die Dahlie wird gern als „Königin des Herbstes" bezeichnet. Und es gibt wohl kaum eine andere Pflanze, die diesen Namen tatsächlich mehr verdient, denn Dahlien tauchen den Garten vom Spätsommer bis weit in den Herbst hinein in ein wahres Blütenmeer. In zahlreichen oft kräftigen Farben scheinen die verschiedenen Sorten regelrecht um die Wette zu leuchten. Man darf Dahlien dabei auch getrost für die Vase beschneiden, denn ein solcher Pflegeschnitt regt Wachstum und weitere Blütenbildung an.

Benannt wurde die ursprünglich in Mexiko beheimatete Pflanze, die Ende des 18. Jahrhunderts nach Europa kam, nach dem schwedischen Botaniker Andreas Dahl. Mit ihren großen, dekorativen Blütenständen in unterschiedlichen

20–200 cm

VI–X

Formen, Farben und Farbkombinationen avancierten die Dahlien zu überaus beliebten Zierpflanzen. Inzwischen sind zahllose Zuchtformen erhältlich. Diese unterscheiden sich nicht nur in Wuchshöhe und Blattform, sondern hauptsächlich in Größe und Form sowie Farbe der Blüten. So gibt es einfachblühende, halbgefüllte und gefüllte Dahlien mit roten, rosafarbenen, orangen, gelben, violetten oder weißen Blüten.

Die Pflanzen werden hinsichtlich ihrer Blütenform in zehn verschiedene Gruppen unterteilt, wobei man zwischen ungefüllten Dahlien, Schmuckdahlien, Pompon- und

Balldahlien, Anemonenblütigen Dahlien, Kaktus- und Semi-Kaktus-Dahlien, Halskrausen- und Seerosendahlien sowie einer gemischten Gruppe unterscheidet. Je nach Art und Sorte werden die Pflanzen etwa 20 bis 200 cm hoch.

Dahlien bevorzugen einen sonnigen, windgeschützten Standort in gut wasserdurchlässiger, nährstoffreicher Erde. Verwelkte Blüten sollten regelmäßig entfernt werden. Höhere Exemplare benötigen Halt z.B. durch Stäbe.

Bei der großen Auswahl an verschiedenen Sorten bieten sich diverse Verwendungsmöglichkeiten im Garten an. Niedrigere Sorten eignen sich gut für Einfassungen und großflächige Pflanzungen auf Rabatten; höhere kann man beispielsweise einzeln oder in kleinen Gruppen in Sommerblumenbeete oder vor Zäune und Mauern setzen.

Einige Sorten-Beispiele aus der fast unüberschaubaren Vielfalt der Zuchtformen sind die einfach und reich blühenden, 30 bis 40 cm hohen Mignon-Dahlien, die ebenfalls 30 bis 40 cm hohen, ungefüllten Top-Mix-Dahlien, die 30 cm hohen gefüllten oder halb gefüllten Figaros, die einfachblühenden, 45 cm hohen Coltness-Hybriden oder die halb-gefüllten, dunkellaubigen Redskin-Dahlien, die etwa 50 cm hoch werden.

Delphinium

20–180 cm

VI–VIII

Rittersporn

Das auffälligste Merkmal des Rittersporns sind sicher seine imposanten, meist blauen Blütenkerzen, mit denen sich interessante Akzente setzen lassen. Der botanische Name leitet sich von „delphinion", dem griechischen Wort für Delphin, ab, was eine Anspielung auf das delphinartige Aussehen der noch geschlossenen Blüten ist.

Die ein- oder zweijährigen Stauden können Höhen von 20 bis 180 cm erreichen. An den aufrechten, häufig verzweigten Stängeln erscheinen zwischen Juni und August lange Trauben oder Rispen aus flach becherförmigen, manchmal gehelmten, gespornten, ungefüllten oder gefüllten Blüten, bei denen das Farbspektrum von Blau über Violett bis hin zu Rosa oder Weiß reicht.

Mittlerweile sind durch Züchtung verschiedene Hybridensorten entstanden, die noch größere, dichter stehende Blüten als die Wildformen haben. Bei diesen Hybriden unterscheidet man zwischen drei Gruppen, den Delphinium-Belladonna-Hybriden, den Delphinium-Elatum-Hybriden und den Delphinium-Pacific-Hybriden.

Am besten gedeiht Rittersporn an einem voll sonnigen, möglichst windgeschützten Standort, in frischem, nährstoffreichem Boden. Die größeren Sorten sollten mit stabilen Stäben gestützt werden, da sie durch die relativ schweren Blüten leicht abbrechen können.

Die Pflanze kommt in kleinen und großen Gruppen gepflanzt gut zur Geltung. Sie kann in Beeten, Rabatten oder Bauerngärten sowie vor Mauern oder Zäunen für wundervolle Farbspiele sorgen. Romantische Bilder ergeben sich zum Beispiel durch das Zusammenspiel von blauem Rittersporn mit Rosen. Zudem liefert sie sehr schöne Schnittblumen.

10–80 cm

V–X

Dianthus

Nelke

Nelken bezaubern die Menschen schon seit jeher und tauchen in der Geschichte immer wieder in ganz unterschiedlichen Zusammenhängen auf. Für die alten Griechen galten sie als „göttliche Blüten", worauf der botanische Name Dianthus (Dios = Gott, Anthos = Blüte) noch heute verweist. Im Mittelalter standen sie symbolisch nicht nur für die Gottesmutter Maria, sondern auch für Liebe und Ehe. Später

wurden rote Nelken zum Symbol für Sozialismus und sogar namensgebend für die revolutionäre Befreiung vom Sozialismus in Portugal („Nelkenrevolution").

Aus der artenreichen Gattung sind im Laufe der Jahre unzählige Arten verschiedenster Kultivare entstanden. Nelken können je nach Art und Sorte zwischen 10 und 80 cm hoch werden. Besonders geschätzt wird Dianthus aufgrund der attraktiven, oft duftenden Blüten, die üppig und über einen relativ langen Zeitraum, von Mai bis Oktober, blühen.

Es gibt gefüllte und ungefüllte Sorten mit ein- oder zweifarbigen, gemusterten oder berandeten sowie schleifenförmig berandeten Blüten. Das Farbspektrum reicht von Weiß, Gelb und Orange über Rosa bis hin zu Purpur und Rot. Ihre volle Blütenpracht entfalten Nelken am besten an einem voll sonnigen Standort in gut dräniertem Boden. Das Entfernen verwelkter Blüten fördert den Flor.

Diascia barbarae

15–30 cm

VI–IX

Elfensporn

Der deutsche Name Elfensporn lässt bereits etwas Zauberhaftes vermuten und die einjährige Pflanze wird dieser Assoziation auch gerecht: Das zierliche Pflänzchen mit seinen aparten, muschelartig geformten Blüten ist nicht nur eine wahre Augenweide, sondern blüht auch unermüdlich den ganzen Sommer lang.

Der botanische Name der Gattung Diascia leitet sich aus dem Griechischen ab: „di“ heißt zwei und „askos“ bedeutet so viel wie Beutel oder Schlauch. Damit wird auf die beiden nektarhaltigen Sporne auf der Blütenrückseite angespielt. Es gibt rund 50, teilweise sehr schwer zu unterscheidende Arten der aus Südafrika stammenden Pflanze.

Eine beliebte, relativ anspruchslose und reich blühende Art, die eine häufige Grundlage für verschiedene Kreuzungen bildet, ist Diascia barbarae. Die Staude wird etwa 15 bis 30 cm hoch. Ihre 2 cm großen, rosafarbenen Blüten erscheinen zwischen Juni und September in endständigen Trauben. Diascien wirken so attraktiv, dass es sich lohnt, die Einjahrespflanze immer wieder auszusäen oder bewurzelte Stecklinge überwintern zu lassen.

Der unempfindliche Elfensporn gedeiht am besten an einem warmen Standort in voller Sonne. Der Boden sollte fruchtbar, feucht und durchlässig sein. Schöne Sorten sind die lachsrosa blühende 'Ruby Field' oder 'Blackthorn Apricot' mit apricotfarbenen Blüten.

Dicentra

20–80 cm

IV–VII

Tränendes Herz

Blutendes Herz, Falsches Herz, Flammendes Herz, Gebrochenes Herz, Fliegendes Herz, Herz Maria, Frauenherz, Herzblume, Jungfernherz oder Mutterherz – allein aus den zahlreichen Namen, die ihr der Volksmund gab, könnte man eine romantische Liebesgeschichte über das Tränende Herz schreiben.

Bei kaum einer Blüte ist der Name so zutreffend wie beim Tränenden Herz – traubenartig sind die meist rosarotweißen Blüten an bogig überhängenden Stielen angeordnet und aus jeder einzelnen der kleinen herzförmigen Blüten scheint unten ein Tropfen – eine Träne – zu fließen. Diese zauberhafte Blütenform inspiriert zu weiteren Fantasien und so sehen seit jeher viele Menschen sogar eine „Jungfrau im Bade“ in der Blüte: Pflückt man nämlich eine Blüte und zieht sie an den Zipfeln der äußeren Blütenblätter leicht auseinander, entsteht die „Wanne“; nun schauen die inneren weißen Blütenblätter nach oben und zeigen die „Jungfrau“.

Doch nicht nur die Blüten der Dicentra sind besonders anmutig – auch das dichte, farnartig gezackte mittelgrüne Laub ist apart, sodass die gesamte Pflanze zum Blickfang

wird. Die mehrjährige Staude ist in gebirgigen Regionen Chinas und Koreas beheimatet und übersteht daher die Winter in unseren Gärten gut. Vor allem die Wild- und Kleinformen lieben schattige Standorte und lassen sich sehr gut auch unter größere Gehölze pflanzen. Die größeren Arten, die bis 80 cm hoch wachsen können, vertragen auch Sonne. Ein durchlässiger Boden empfiehlt sich in jedem Fall. Da die Pflanze nach der Blütezeit, also etwa im Juli, die Blätter einzieht, ist es sinnvoll sie zwischen laubreiche Nachbarpflanzen zu setzen.

Die bekannteste Art ist Dicentra spectabilis; sie blüht zwischen Mai und Juli in Rosa, das Laub ist blaugrün und sie wird bis zu 80 cm hoch. Dicentra eximia ist eine deutlich kleiner wachsende Art, die nur etwa 20 bis 30 cm hoch wird. 'Alba'-Sorten sind jeweils weiß blühend.

Digitalis

FINGERHUT

Märchenhaft mutet der Fingerhut an und das nicht nur, wenn man ihn in freier Natur zum Beispiel auf Waldlichtungen entdeckt. Auch im Garten zeigt die Staude ihre Wirkung.

Digitalis zählt zu den ersten Arzneipflanzen der Neuzeit. Obwohl er hochgiftig ist, findet besonders der rote Fingerhut (Digitalis purpurea) in entsprechend reduzierten Dosen Verwendung in Herzmitteln. Sowohl die lateinische Benennung Digitalis als auch der deutsche Name Fingerhut beziehen sich auf die charakteristische Blütenform dieser Pflanze.

70–150 cm

VI–IX

Am besten gedeiht der Fingerhut an einem sonnigen bis halbschattigen Standort in frischer, humusreicher und durchlässiger Erde. Mit ihren bezaubernden, röhrig-glockigen Blüten wird die Pflanze schnell zum attraktiven Blickfang im Garten. Zwei Beispiele für schöne Arten sollen im Folgenden kurz vorgestellt werden:

- DIGITALIS GRANDIFLORA: Diese Art wird auch als Großblütiger Fingerhut bezeichnet. Die Pflanze wird etwa 90 cm hoch und trägt lanzettliche, unregelmäßig gesägte Blätter. Zwischen Juni und September erscheinen ihre weitglockigen Blüten mit ausgeschweiftem, spitzzipfeligem Rand. Sie sind blassgelb und innen braun benetzt.

- DIGITALIS PURPUREA: Die auch als Roter Fingerhut bezeichnete Art trägt, wie der Name schon andeutet, purpurfarbene Blüten, die von Juni bis Juli zu bewundern sind. Es gibt aber auch weiß blühende Sorten, wie 'Alba'. Diese Pflanze besitzt lanzettliche, langgestielte Blätter und wird bis zu 130 cm hoch. Dunklere Gartenbereiche lassen sich mit dieser Sorte wirkungsvoll aufhellen.

Echinacea purpurea

70–100 cm

VII–IX

Roter Sonnenhut

Der Rote Sonnenhut ist eine für den Romantikgarten besonders attraktive Staude. Seine wunderbaren Blütenköpfe ziehen nicht nur unsere Blicke an, sondern ebenfalls viele Insekten, wie zum Beispiel Bienen. Der Rote Sonnenhut wird auch Igelkopf oder Kegelblume genannt – dies bezieht sich auf die kegelförmige Blütenmitte, die leicht stachelig wirkt.

Echinacea ist außerdem als Heilpflanze von Bedeutung. Schon die nordamerikanischen Indianer nutzten ihre Wirkstoffe unter anderem gegen Husten. Heute wird aus Echinacea purpurea gewonnener Saft zur Stärkung der Abwehrkräfte oder auch zur Wundheilung angewendet.

Sonnenhut ist nicht gleich Sonnenhut

Der hier beschriebene Rote Sonnenhut gehört zur Gattung Echinacea. Es gibt allerdings auch die gelb blühenden Sonnenhüte – sie sind der Gattung Rudbeckia zugeordnet. Auch wenn der gelbe und der purpurrote Sonnenhut sich sehr ähnlich sehen – „Gattungs-Geschwister“ sind sie nicht.

Die horstartig wachsende Staude wird zwischen 70 und 100 cm hoch. Auf den schlanken, rötlich gefärbten Stängeln thronen zwischen Juni und September die einzelnen Korbblüten. Sie bestechen vor allem durch den Kontrast der orange-bräunlichen Röhren- und der purpurroten Randblüten. Ist die Staude voll aufgeblüht, hängen die Zungenblütenkränze der einzelnen Blüten nach unten herab, was den Eindruck von kleinen Hüten erzeugt.

Die Blätter des Sonnenhuts sind schmal und lanzettlich. Mit seinen tiefen Pfahlwurzeln kann er sich auch in trockeneren Böden gut halten. Die anspruchslose Pflanze wird nach der Blüte handbreit über dem Boden abgeschnitten.

Echinops ritro

60–120 cm

VII–IX

Kugeldistel

Der Gedanke an Disteln weckt wohl bei den wenigsten auf Anhieb romantische Gefühle. Es gibt jedoch eine Vielzahl von ausgesprochen attraktiven Distelarten, die in Rabatten oder Wildgärten für dekorative Akzente sorgen können. Ein gutes Beispiel dafür ist Echinops ritro. Wie die deutsche Bezeichnung Kugeldistel schon andeutet, sind die auffälligen, kugelrunden Blütenköpfchen das besondere Merkmal dieser interessanten Pflanze.

Die kompakt wachsende, gruppenbildende Distel kann eine Höhe von 60 bis 120 cm erreichen. Sie besitzt silbrigweiße Stängel und länglich-elliptische, tief eingeschnittene, stachelige Blätter mit dunkelgrüner Oberseite, deren Unterseite weißflaumig behaart ist. Zwischen Juli und September erscheinen die blauen, kugeligen Blütenköpfchen, die bis zu 5 cm breit sein können.

Die Kugeldistel ist eine relativ pflegeleichte Pflanze, die eigentlich überall gut gedeiht, aber einen voll sonnigen Standort in eher trockenem, gut durchlässigem Boden bevorzugt. Zudem liefert sie sehr schöne Schnitt- oder Trockenblumen .

Fuchsia

Fuchsie

In über 14000 Sorten ist die Fuchsie bekannt und kann somit als echte Kult-Pflanze gelten. Die Fuchsie begeistert vor allem durch ihre Blüten, die meist zarten, hängenden Glocken ähneln und in üppiger Pracht den ganzen Sommer lang blühen. Im Volksmund heißt sie daher auch „Glockenstrauch". Die Pflanzengruppe ist hierzulande so verbreitet, dass sie trotz ihrer Herkunft aus den Gebirgsregionen Mittel- und Südamerikas kaum noch als Exot wahrgenommen wird.

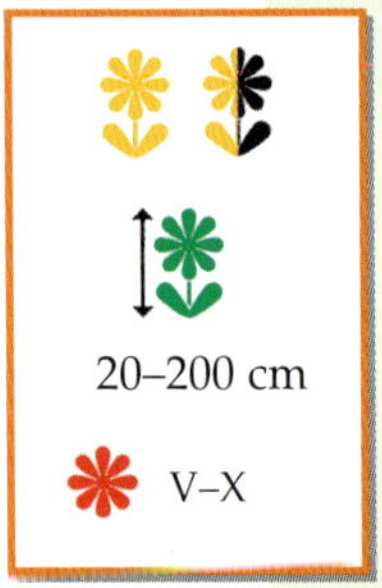

Es handelt sich bei Fuchsien um durchweg laubabwerfende Halbsträucher mit reich verzweigten, hängenden Trieben und elliptischen, dunkelgrünen Blättern. Von Mai bis Oktober bilden sich die rosa, roten, violetten oder weißen Blüten, die einfach, halb oder ganz gefüllt sein können. Der typische Aufbau der Blüten aus Krone und wie ein Überrock darüber schwebendem, gleich- oder andersfarbigem Kelch macht wohl den besonderen Charme dieser zierlichen Pflanzen aus und stachelte die Züchter an, immer neue Varianten zu entwickeln.

Die verschiedenen Arten unterscheiden sich nicht nur in der Blütenfarbe, sondern auch in ihrer Wuchsform. Die aufrecht wachsenden Fuchsien wirken sehr schön als Beet- und Rabattenbepflanzung. Man kann sie z.B. als Hochstämmchen, säulenförmigen Strauch oder Spalierstrauch ziehen. Die hängenden Sorten eignen sich dagegen gut für Kübel, Balkonkästen oder Ampeln.

Die verschiedenen Fuchsienarten stellen unterschiedliche Ansprüche an ihren Standort; so findet man sowohl passende Exemplare für Sonne als auch für Halbschatten und Schatten. Alle Pflanzen gedeihen am besten in fruchtbarem, feuchtem, durchlässigem Boden. Während ihrer Wachstumsphase sollten sie reichlich gegossen werden, wobei Staunässe und Ballentrockenheit zu vermeiden sind. Zudem sind gelegentliches Düngen und Überbrausen zu empfehlen. Verblühtes und sich bildende Fruchtansätze werden abgezupft.

Fritillaria imperialis

80–120 cm

IV–V

Kaiserkrone

Die Kaiserkrone macht ihrem Namen alle Ehre, denn ihr schon von weither leuchtender Blütenstand thront auf dem oft über einem Meter hohen, nur im unteren Teil blättertragenden Blütenschaft und erhebt sich zwischen April und Mai würdevoll aus dem Beet.

Glockenfömige Einzelblüten bilden eine hängende Dolde, die von einem Büschel Hochblätter überragt wird. Die Blütenglocken sind leuchtend Rot, Orange oder auch Gelb. Die ursprünglich aus Asien stammende Pflanze wurde bereits im 16. Jahrhundert in Mitteleuropa kultiviert und konnte – passend zu ihrem majestätischen Namen – in den kaiserlichen Gärten Wiens bewundert werden.

Die Gattung umfasst über 80 Spezies. Die bei uns erhältlichen Sorten dieser Zwiebelpflanze benötigen einen frischen und kühlen Boden an einem sonnigen Standort. Die Zwiebeln werden bereits im Juli oder August gesetzt. Attraktive Begleitpflanzen sind zum Beispiel farblich abgestimmte Tulpen. Diese erhalten von der Kaiserkrone sogar einen besonderen Schutz, denn Fritillaria wirkt ausgesprochen abschreckend auf Wühlmäuse. Auch andere von diesen unliebsamen Nagern bedrohte Pflanzen genießen in direkter Nachbarschaft der Kaiserkrone deren Schutz.

Die Zwiebeln der Kaiserkrone können über Jahre hinweg am selben Standort verbleiben – ein Standortwechsel empfiehlt sich dennoch nach circa 5 bis 6 Jahren.

Gaura lindheimeri

70–100 cm

VI–X

Prachtkerze

Gaura lindheimeri, zu Deutsch Prachtkerze genannt, ist eine zauberhaft blühende Sommerstaude. Ihre großen weiß oder rosafarben leuchtenden Blüten scheinen auf den schlanken Rispen fast zu schweben. So erzeugen die Prachtkerzen ein Bild von graziler Eleganz, obwohl sie insgesamt kompakt und breitbuschig wachsen.

Gaura lindheimeri gehört zur Familie der Nachtkerzengewächse (Onagraceae) und ist ein Dauerblüher – von Juni bis in den Oktober hinein kann man sich an ihren großen Blüten erfreuen. Die Prachtkerze wächst 70 cm oder sogar höher und ist aufgrund ihrer lockeren Wuchsform gut geeignet, um Lücken in Sommerblumenbeeten zu füllen. Gaura lindheimeri wirkt auch prächtig in größeren Kübeln – diese bieten zudem Vorteile für die Überwinterung.

Auch wenn Gaura lindheimeri generell als winterhart gilt, ist sie vor allem durch Nässe in der kalten Jahreszeit gefährdet. Um also im Staudenbeet langfristig überleben zu können, sollte der Standort sonnig und nicht zu feucht sein. Die Prachtkerze fühlt sich am wohlsten in gut durchlässigem, also eher sandigem Boden und muss im Winter mit

Reisig oder Laub geschützt werden. Im Frühjahr werden dann die langen Blütenrispen zurückgeschnitten.

Gaura lindheimeri zeigt leicht rosafarbene Knospen, bevor sie in Weiß aufblüht. Rosa blühende Sorten sind Gaura lindheimeri 'Rosa' mit zugleich etwas rot angehauchtem Laub. Weitere kräftig rosa blühende Sorten sind 'Siskyou Pink' oder die 'Karalee Petite'.

Genista

20–300 cm

V–VIII

Ginster

Der Ginster ist ein einfach zu kultivierender und robuster Strauch mit zahlreichen meist gelben Blüten. Dicht besetzen sie die oft rutenförmigen Äste und die frühen Sorten sind gern gesehene und beliebte Frühlingsboten. Neben kissenartig wachsenden Zwergginsterarten gibt es auch solche, die bis zu 300 cm hoch werden können.

Für welchen Ginster man sich entscheidet richtet sich auch nach dem jeweiligen Verwendungszweck. Die niedrigeren Arten, wie zum Beispiel der etwa 20 cm hohe Genista sagittalis oder der 50 cm hohe Genista lydia, eignen sich gut für kleinere Beete. Die großen Exemplare machen sich gut in Solitärstellung oder in Strauchrabatten.

Genista trägt wechselständige, ungeteilte oder dreifingrige Blätter. Die kleinen gelben Blüten erscheinen je nach Art und Sorte zwischen Mai und August. Die Pflanze bevorzugt einen Standort in voller Sonne und gedeiht am besten in lockerer, fruchtbarer, gut drainierter Erde. Staunässe verträgt der Ginster nicht. Er sollte nur sparsam gegossen und gedüngt und nach der Blüte um ein Drittel zurückgeschnitten werden.

Geranium

10–50 cm

V–IX

Storchschnabel

An Kopf und Schnabel eines Storches erinnern die Fruchtstände, die der deshalb so benannte Storchschnabel nach der Blüte ausbildet. Die verschiedenen Arten dieser zur Familie der Storchschnabelgewächse gehörenden Gattung sind sehr vielseitig und in den verschiedensten Gartenanlagen verwendbar, zum Beispiel in Gehölz- oder Wildblumengärten, Rabatten oder auch als Bodendecker.

Die buschige Staude trägt kreisförmige, gelappte Blätter in Grün, Silbergrau oder Rotbraun. Die rundlichen, oft duftenden Blüten stehen in lockeren wenigblütigen Dolden und leuchten je nach Art und Sorte in Lilarosa, Weißrosa, Karminrosa, Karminrot oder Blau.

Verwechslungsgefahr

Die sehr beliebten Pelargonien werden in Deutschland umgangssprachlich häufig als „Geranien“ bezeichnet. Dies rührt daher, dass die Pelargonien bis ins 18. Jahrhundert zur Gattung Geranium zählten. Inzwischen stellen sie eine eigene Gattung innerhalb der Familie der Storchschnabelgewächse dar.

Die Pflanze liebt einen Standort in voller Sonne oder im Halbschatten und gedeiht am besten in einem gut durchlässigen, nährstoffreichen, mäßig trockenen Boden. Durch Entfernen verwelkter Blütentriebe und Blätter wird die Bildung neuer Blätter und Blüten gefördert. Hier einige Beispiele für beliebte Arten des Storchschnabels:

- GERANIUM ARGENTEUM: Aufgrund ihres silbergrauen Laubes wird diese Art auch als Silberstorchschnabel bezeichnet. Sie hat hellrosa, dunkel gerandete Blüten und wird 10 bis 15 cm hoch.

- GERANIUM DALMATICUM: Diese Art wird auch Dalmatiner Storchschnabel genannt. Sie trägt große, rosafarbene Blüten und entwickelt eine rote, besonders attraktive Herbstfärbung. Die Pflanze erreicht eine Höhe von etwa 10 cm. Die Sorte 'Album' blüht weiß.

- GERANIUM RENARDII: Die auch Kaukasus-Storchschnabel genannte Art wird 15 bis 30 cm hoch und trägt weiße, dunkel geaderte Blüten. Das stark behaarte, gewellte Laub ist graugrün.

- GERANIUM SANGUINEUM: Die Art wird als Blutroter Storchschnabel bezeichnet, was natürlich ein Hinweis auf die leuchtendroten Blüten ist. Auch einzelne absterbende Blätter verfärben sich vor dem Abfallen blutrot, womit auch außerhalb der Blütezeit interessante Farbakzente gesetzt werden. Die Pflanze wird etwa 20 bis 50 cm hoch.

Gypsophila

10–120 cm

V–VIII

Schleierkraut

Von weitem betrachtet erscheinen die zahlreichen, kleinen weißen oder rosafarbenen Blüten von Gypsophila tatsächlich wie ein zarter Schleier, was wohl zu der deutschen Bezeichnung Schleierkraut geführt hat. Ob zur Untermalung von anderen Blüten oder allein gepflanzt, die zierliche Schönheit bringt Leichtigkeit und Eleganz in jeden Garten.

Die Gattung Gypsophila umfasst über 100 verschiedene Arten, die je nach Wuchsform 10 bis 120 cm hoch werden. Die stern- bis flach trompetenförmigen Blüten erscheinen zwischen Mai und August über den meist bläulich grünen, linealischen bis lanzettlichen Blättern.

Am besten gedeiht Gypsophila an einem Standort in voller Sonne. Der Boden sollte tiefgründig und sehr gut durchlässig sein, denn die meisten Arten vertragen keine zu nassen Böden.

Je nach Art und Sorte bietet sich das Schleierkraut für unterschiedliche Verwendungszwecke im Garten an. So eignet sich beispielsweise das teppichbildende Kriechende Schleierkraut (Gypsophila repens) als typische Steingartenpflanze besonders gut für Trockenmauern oder andere steinige Plätze, während sich höhere Arten, wie Gypsophila paniculata, sehr schön auf Beeten und in Rabatten machen.

Filigranes Beiwerk in romantischen Sträussen

Das Schleierkraut ist eine ausgesprochen beliebte Schnittpflanze, die sich wunderbar zum Auffüllen von Blumensträußen und -gestecken eignet, wobei sie sowohl frisch als auch trocken verwendet werden kann. Zum Trocknen werden am besten mehrere Triebe zusammengebunden und mit den Blüten nach unten aufgehängt. Eine ganz klassische Variante in der Floristik ist die Kombination von Schleierkraut mit Rosen.

Helianthus

40–300 cm

VII–X

Sonnenblume

Mit ihren leuchtend gelben Blüten hat die Sonnenblume immer wieder, wie kaum eine andere Blume, Maler inspiriert – man denke nur an die bekannten Bilder von Vincent van Gogh. Ihren Namen trägt die dekorative Pflanze, weil sie ihre Blüten immer der Sonne zuwendet.

Sehr beliebt ist die aus Amerika stammende Gewöhnliche Sonnenblume Helianthus annuus. Diese einständige, schnellwüchsige Pflanze kann 300 cm hoch werden. Sie besitzt breit ovale bis herzförmige, raubehaarte, mittel- bis dunkelgrüne Blätter und trägt ihre großen, margeritenartigen, gelben Strahlenblüten mit braunem Zentrum zwischen Juli und Oktober. In ihrer Blütenmitte reifen die Samen heran, aus denen auch Öl gewonnen wird.

Am besten gedeiht die Sonnenblume an einem sonnigen, windgeschützten Standort in nährstoffreicher, durchlässiger Erde. Besonders dekorativ wirkt sie in Gruppen, hohe Sorten eignen sich sehr gut als Hintergrundpflanzen.

Eine verwandte Art ist Helianthus topinambur, deren Knollen ähnlich wie Kartoffeln in der Küche Verwendung finden. Diese mehrjährige Staude hat kleinere Blüten, die zwischen September und Oktober in den Achseln der oberen Laubblätter erscheinen. Auch Topinambur kann bis 300 cm hoch werden.

Hemerocallis

Taglilie

30–120 cm

V–IX

Taglilien zeigen uns, wie nah Schönheit und Vergänglichkeit beieinander liegen, denn jede einzelne der wundervollen Blüten entfaltet ihre Pracht nur für einen einzigen Tag. Für dieses kurze einzelne Blütenleben entschädigt uns die Staude allerdings, indem sie unaufhörlich neue Blüten hervorbringt. So lässt sich der beeindruckende Blütenflor von Mai bis in den September hinein im Garten genießen.

Inzwischen erhält man eine fast unüberschaubare Fülle von Sorten und Hybriden der prächtig blühenden Hemerocallis. Sie wächst buschig und trägt gras- oder lilienartige Blätter. Die Blüten können spinnen- oder sternförmig, dreieckig, rund oder gefüllt sein. Die Farbpalette reicht von Gelb und Apricot bis hin zu Rot, Braun oder Mauve. Je nach Sorte können Taglilien etwa 30 bis 120 cm hoch werden.

Die relativ robusten Pflanzen fühlen sich an einem sonnigen bis halbschattigen Standort wohl und sind recht pflegeleicht.

Einige schöne Beispiele aus der unglaublichen Hybridenvielfalt sind: 'American Revolution': dunkel purpurbraune bis tiefrote Blüten; 'Corky': zitronengelbe Blüten; 'Prairie Blue Eyes': malvenblaue bis lavendelblaue Blüten; 'Sammy Russel': Rote Blüten; 'Stella de Oro': leuchtend gelbe Blüten.

Hosta

FUNKIE

Funkien gehören zur Familie der Liliengewächse und stammen aus dem asiatischen Raum, wo sie unter anderem in Bergwäldern zu Hause sind. Bei uns sind sie als so genannte Blattschmuckpflanzen bekannt, was diesen Stauden aber kaum gerecht wird. Denn ihre zarten Blüten, die sich an langen Stielen aus dem dekorativen Laub strecken, sind ebenfalls ein attraktiver Blickfang. Man kann sie zwischen Juli und September in Weiß, Blau oder Violett bewundern.

Funkien werden auch oft als Herzblattlilien bezeichnet, was bereits auf die herzförmigen bis lanzettlichen Blätter hinweist. Die Blätter sind eines der wesentlichen Unterscheidungsmerkmale – so gibt es neben grünblättrigen auch blau- oder buntblättrige Funkien. Sie alle bieten eine variantenreiche Formen- und Farbpalette.

Die langlebigen, horstartig wachsenden Stauden, die etwa 20 bis 90 cm hoch werden, bevorzugen einen Standort im Halbschatten oder Schatten, was sie besonders für die Verschönerung dunklerer Stellen im Garten, beispielsweise unter Bäumen, prädestiniert. Die buntlaubigen Arten und Sorten bieten dabei viele abwechslungsreiche Gestaltungsmöglichkeiten. Einige beliebte Hosta-Arten sollen im Folgenden kurz vorgestellt werden.

- HOSTA CRISPULA: Der deutsche Name Riesen-Weißrandfunkie zeigt bereits, dass die bis zu 40 cm großen, herzförmigen, weiß gerandeten Blätter der besondere Blickfang dieser Art sind. Die Blüten sind lavendelblau bis lilafarben.

- HOSTA FORTUNEI: Von der so genannten Graublattfunkie, die weiße oder violette Blüten trägt, gibt es viele Sorten mit unterschiedlichen Blattfarben.

- HOSTA LANCIFOLIA: Die Lanzettblattfunkie hat schmale, lanzettliche, dunkelgrüne Blätter und violette Blüten.

- HOSTA SIEBOLDII: Wie der deutsche Name Weißrandfunkie verrät, besitzt diese Art grüne Blätter mit weißem Rand. Sie blüht weiß oder violett.

Hypericum

10–100 cm

VI–X

Johanniskraut

Der deutsche Name „Johanniskraut" weist auf die Blütezeit des Echten Johanniskrauts hin (Hypericum perforatum). Es beginnt um den Johannistag – am 24. Juni – seine Blütenpracht zu zeigen. Seit jeher wird das Echte Johanniskraut von den Menschen als Heilmittel geschätzt. Man schrieb ihm sogar magische Kräfte zu; so sollte es zum Beispiel alles Böse und Dunkle vertreiben, Dämonen abwehren oder vor Unwettern schützen. Auch heute wird das Echte Johanniskraut noch als Heilpflanze gegen Stimmungsschwankungen, Nervosität und leichte bis mittelschwere Depressionen eingesetzt.

Es gibt allerdings noch viele weitere Arten, die sich für die gärtnerische Verwendung anbieten. Beispielhaft zählen dazu das kleinwüchsige Zwergjohanniskraut, das buschig und überhängend wachsende Bastard-Johanniskraut (30 bis 50 cm) oder auch das Blutjohanniskraut, das bis zu 100 cm hoch werden kann.

Die laubwerfenden, immergrünen oder halbimmergrünen Stauden, Sträucher oder Bäume der Gattung Hyperi cum besitzen gegenständige, einfach ovale Laubblätter, die bei manchen Arten eine dekorative Herbstfärbung bekommen. Die Blüten erscheinen zwischen Juni und Oktober. Das Johanniskraut gedeiht am besten an einem sonnigen bis halbschattigen Standort in feuchter, gut dränierter Erde.

Ilex

50–1500 cm

V–VII

Stechpalme

Die Stechpalme ist ein für den Romantikgarten interessantes und attraktives Gehölz. Zum einen ist sie immergrün, zum anderen trägt sie im Herbst und Winter rote Beeren, die gerade dem winterlichen Garten gut zu Gesicht stehen. Die hübschen Ilex-Zweige mit den roten Früchten sind eine traditionelle Weihnachtsdekoration in Großbritannien und Nordamerika, und auch bei uns werden sie immer öfter zur adventlichen Zimmerdekoration genutzt.

Wer sich allerdings an den schönen Beeren erfreuen will, muss wissen, dass der Ilex ein zweihäusiges Gewächs ist. So muss also zu einer weiblichen Pflanze immer auch ein männliches Exemplar gepflanzt werden, damit die Pollenbefruchtung stattfinden kann.

Die Gattung Ilex umfasst etwa 400 verschiedene Arten meist immergrüner, seltener auch laubwerfender Sträucher. Der Zierwert liegt außer in den Beeren auch in den dekorativen, ledrigen Blättern, die je nach Art und Sorte ganzrandig oder stachelig, einfarbig grün sowie weiß oder gelb gemustert sein können. Die kleinen weißen bis cremefarbenen Blüten, die zwischen April und Juli erscheinen, sind eher unscheinbar. Die beerenähnlichen, meist roten, schwarzen, manchmal auch orangegelben Früchte fallen dagegen umso mehr ins Auge. Sie sind allerdings giftig.

Die Stechpalmen, die übrigens in keinerlei Verwandtschaft zu den Palmen stehen, können zu imposanten Bäumen von 15 m Höhe heranwachsen. Am besten gedeiht Ilex an einem sonnigen bis halbschattigen Standort in feuchter, gut wasserdurchlässiger Erde. Zwei schöne Arten sind:

- ILEX AQUIFOLIUM: Die als Gewöhnliche Stechpalme bezeichnete Art trägt elliptische oder ovale, dunkelgrüne Blätter mit gezackten Rändern sowie meist rote Beeren. Sie kann Höhen von über 10 m erreichen.

- ILEX CRENATA: Diese Japanische Stechpalmenart besitzt eiförmig bis elliptische, glänzend dunkelgrüne Blätter. Die Früchte sind glänzend schwarz, manchmal auch weiß oder gelb. Insgesamt wird die Pflanze bis zu 500 cm hoch.

Iris

Schwertlilie

Anmut, Grazie und Eleganz – diese Assoziationen weckt die Iris und war so auch für viele Maler immer wieder Inspiration. Die botanische Bezeichnung geht auf die griechische Göttin des Regenbogens, Iris, zurück, was sicher eine Anspielung auf die Buntheit und schillernden Farben der Blüten ist. Die Bezeichnung Schwertlilie bezieht sich auf die spitz zulaufenden, schwertförmigen Blätter.

Die Gattung Iris präsentiert sich in einer umfangreichen Artenvielfalt. Zur Vereinfachung des Überblicks kann man sie in zwei Hauptgruppen unterteilen, in die Zwiebeliris und die Rhizomiris. Unter den Rhizom bildenden, also solchen mit fleischigen Wurzelstöcken, gedeihen auch Arten an Gewässerrändern. Des Weiteren gibt es die Bart-Iris, welche bunte Haare auf den Hängeblättern hat sowie die bartlosen Iris-Formen und die Evansia-Iris oder auch Kamm-Iris, die einen Kamm auf den Blättern hat.

Besonders beliebt sind die vielen Arten der Bart-Iris. Auch diese lassen sich nach Wuchshöhe in drei verschiedene Gruppen unterteilen. Die Iris-Barbata-Elatior-Hybriden (Hohe Bart-Iris) können über 70 cm hoch werden, die Iris-

Barbata-Media-Hybriden (Mittelhohe Bart-Iris) wachsen zwischen 40 und 70 cm hoch, und die Iris-Barbata-Nana-Hybriden (Niedrige Bart-Iris oder Zwerg-Schwertlilie) bleiben bei etwa 20 bis 30 cm Höhe.

15–100 cm

V–VIII

Iris lieben einen sonnigen bis halbschattigen Standort in gut wasserdurchlässigem Boden. Für Plätze am Ufer eines Gartenteiches empfehlen sich die Japanische Sumpfiris (Iris laevigata) oder die Sumpfschwertlilie (Iris pseudacorus). Größere Arten, wie zum Beispiel die Iris-Barbata-Elatior-Hybriden, sind dagegen gut für gemischte oder krautige Rabatten geeignet.

Kniphofia

60–150 cm

IV–IX

Fackellilie

Wer Kniphofia einmal zur Blütezeit erlebt hat, weiß, dass sie ihren deutschen Namen Fackellilie keinesfalls zu Unrecht trägt, denn die auffälligen, ährenartigen Blütenstände der Pflanze, die in leuchtenden Rot-, Gelb- oder Orangetönen an aufrechten Stängeln über dem Laub erscheinen, erinnern tatsächlich an Fackeln. Mit „klassischen" Lilien – wie zum Beispiel der weißen Madonnen-Lilie – haben die Fackellilien jedoch nichts zu tun.

Die etwa 70 verschiedenen Arten der Kniphofia sind im südlichen und tropischen Afrika beheimatet. Die immergrünen oder laubwerfenden Stauden bilden büschelige Horste und werden je nach Art und Sorte zwischen 60 und 150 cm hoch.

Die überhängenden, linealen bis riemenförmigen Blätter sind von hell- bis mittelgrüner oder graugrüner Farbe. Bei den laubwerfenden Arten sind sie oft grasartig; die Blätter der immergrünen Fackellilien sind breiter und besonders lang. Zwischen Juni und September erscheinen die aufrechten Trauben aus vielen röhrenförmigen Blüten, die gerne von Bienen besucht werden.

An einem sonnigen, windgeschützten Standort in frischem, nährstoffreichem und durchlässigem Boden kann die attraktive Fackellilie ihre Pracht am besten entfalten. In kleinen Gruppen gepflanzt, bildet sie einen geradezu magischen Blickfang – wenn ihre ährenartigen Blüten in orange-rot „brennen" oder in dunklem Rot dem Betrachter bereits von weitem entgegenleuchten. Die Blütezeit liegt zwischen Juli und September.

Als Nachbarpflanzen bieten sich filigrane Gräser gleichermaßen an wie Schleierkraut oder andere zarte Arten, die sich der optischen Kraft der Fackellilie eher unterordnen. Ein wild-romantischer Eindruck lässt sich aber auch beispielsweise durch Katzenminze erzielen.

Damit die Fackellilie gut über den Winter kommt, sollten die Blattbüschel im Herbst um etwa $^{1}/_{3}$ zurückgeschnitten werden. Zudem ist es sinnvoll, die Pflanzen mit Laub abzudecken.

Lathyrus

20–300 cm

VI–IX

Wicke

Auf den Beeten der Gartenfreunde feiern die Klassiker ihr Comeback – je altmodischer die Blumen, desto populärer. Das Flair des Nostalgischen macht sie so beliebt. Auch die Wicke erlebt derzeit eine Renaissance. Die alte Bauerngartenpflanze bezaubert mit ihren zarten Blüten in pastelligen bis kräftigen Tönen von Pink, Rot, Violett, Blau oder Weiß, und wirkt dabei romantisch und zerbrechlich wie Porzellan.

Aufgrund ihrer Früchte werden Wicken auch als Platterbsen bezeichnet. Viele Arten hält man als Zierpflanzen in Gärten, insbesondere die Wohlriechende Wicke (Lathyrus odoratus), auch Duft- oder Gartenwicke genannt, oder die mehrjährige, bis zu 3 Meter hohe Breitblättrige Platterbse (Lathyrus latifolius).

Wicken sind rankende Kletterpflanzen und eignen sich daher gut zum Beranken von Spalieren und Zäunen. Buschige Zuchtformen kommen auch ohne Klettergerüst aus und sind damit für Einfassungen prädestiniert.

Der Standort sollte sonnig und warm, der Boden durchlässig und nährstoffreich sein und regelmäßig feucht gehalten werden. Wicken blühen umso länger und reicher, je öfter man ihre Blüten pflückt. Deswegen ist es ratsam, sich immer wieder ein Sträußchen der dankbaren Schnittblumen in die Vase zu stellen.

Lavandula

30–90 cm

V–VIII

Lavendel

Lavendel steht – besonders in Verbindung mit Rosen – für romantische Bilder im Garten schlechthin! Nicht nur seine filigranen Ähren, sondern besonders auch der charakteristische Duft trägt zur romantischen Stimmung bei. Durch ihn gerät man zudem in sommerliche Urlaubsstimmung und träumt vielleicht vom südlichen Frankreich, wo die Pflanze riesige Felder mit blauen Blütenteppichen überzieht und das ganze Land in das typische aromatische Lavendelparfüm einhüllt.

Will man vom herrlichen Duft des Lavendels profitieren, sollte man ihn in der Nähe von Sitzgelegenheiten, zum Beispiel einer Laube oder Gartenbank, platzieren. Am besten gedeiht die Pflanze an einem vollsonnigen Standort. Eine klassische, ausgesprochen malerische Dekorationsvariante ist die Kombination von Lavendel mit Rosen, aber auch im Kübel ist Lavendel sehr wirkungsvoll. Zwei sehr dekorative Arten sollen im Folgenden vorgestellt werden:

LAVANDULA ANGUSTIFOLIA: Die auch als Echter Lavendel bezeichnete Art wurde von jeher wegen ihrer antiseptischen, beruhigenden und krampflösenden Wirkung geschätzt, und ist so schon sehr lange als Heilpflanze aus alten Kloster- oder Bauerngärten bekannt. Die Pflanze besitzt graugrüne Blätter, die unten weißfilzig behaart sind und sich am Rand leicht einrollen. Zwischen Juni und August erscheinen die meist blau-violetten, manchmal auch weißen oder rosafarbenen Blüten auf den bis zu 40 cm langen, dekorativen Scheinähren. Insgesamt kann ein Lavendelstrauch etwa 30 bis 90 cm hoch werden. Sehr schöne Sorten sind zum Beispiel die blaupurpurn blühende 'Munstead' oder 'Hidcote Blue', die nach dem berühmten englischen Garten Hidcote Manor benannt ist und sich durch kompakten, rundbuschigen Wuchs sowie tief-violette bis dunkelblaue Blüten auszeichnet.

LAVANDULA STOECHAS: Die auch als Schopf-Lavendel bekannte Art ist ein kompakt, buschig wachsender Strauch, der zwischen 30 und 60 cm hoch wird. Seine Blätter sind lineal, etwa 4 cm lang und von graugrüner Farbe. Der Blütenstand wird von einem auffälligen Büschel aus purpurnen Hochblättern gekrönt. Darunter befinden sich die Ähren herrlich duftender, dunkelpurpurner Blüten.

Liatris

PRACHTSCHARTE

40–90 cm

VII–VIII

Wer Schmetterlinge und Bienen in seinen Garten einladen möchte, kann sie mit der Prachtscharte anlocken. Ihre dekorativen bunten Blütenähren üben auf Insekten nämlich eine große Anziehungskraft aus. Doch auch darüber hinaus hat die Prachtscharte etwas zu bieten: So blühen die Blütenähren ungewöhnlicherweise von oben nach unten auf.

Diese Stauden bilden Horste aus einfachen, linealen bis eilanzettlichen Blättern, die fein behaart sein können. Aus ihnen entsprießen hohe Stiele mit zahlreichen langen Ähren aus flaumig wirkenden Blüten, die je nach Art und Sorte zwischen Juli und September in Violett, Purpurrot, Purpurrosa oder Weiß erstrahlen. Liatris kann 40 bis 90 cm hoch werden. Sie gedeiht gut an einem sonnigen Standort mit feuchtem, humosem, durchlässigem Boden. Nach der Blütezeit verfärben sich die Triebe gelb und können zurückgeschnitten werden. Es empfiehlt sich eine Nachbarbepflanzung, die im Herbst die entstandene Lücke ausgleicht.

Eine sehr schöne Art ist Liatris spicata. Die Staude trägt lange haltbare, bis 1 cm breite, rosapurpurne oder weiße Blütenköpfchen. Sie wird etwa 40 bis 90 cm hoch und dehnt sich bis zu 45 cm in die Breite aus. Die dekorative Blütenstaude eignet sich unter anderem gut für die Gestaltung von Gewässerufern.

Beispiele für dekorative Sorten dieser Art sind die leuchtend karminrot blühende 'Callepsis', die violettlila bis rosapurpur blühende 'Kobold', welche nur etwa 40 bis 50 cm hoch wird, oder die weiß blühende 'Floristan Weiss', welche ca. 60 bis 90 cm in die Höhe wächst.

Ligularia

80–180 cm

VII–X

LIGULARIE

Ligularien sind auch unter dem Namen Greis- oder Kreuzkraut bekannt. Die Gattung mit etwa 180 Arten meist hoher und kräftiger Stauden ist ursprünglich in Zentral- und Ostasien beheimatet. Man trifft sie hauptsächlich an Gewässerrändern, in Hochstaudenfluren und auf feuchtem bis nassem Grasland an. Der besondere Zierwert der imposanten Gewächse liegt sowohl in ihrem Blattwerk als auch in den dekorativen Blüten.

Die recht anspruchslose Pflanze liebt sonnige bis halbschattige Standorte. Entsprechend ihrem natürlichen Lebensraum bevorzugt sie feuchte, lehmig-humose und nährstoffreiche Böden. Bei anhaltender Trockenheit sollte sie ausreichend gewässert werden. Wer einen Teich im Garten angelegt hat, kann mit den imposanten Gewächsen herrliche Farbakzente am Uferrand setzen. Ansonsten ist das Greiskraut auch für Rabatten geeignet. Einige Beispiele für sehr dekorative Arten sind:

- LIGULARIA CLIVORUM: Diese Art ist auch unter dem botanischen Namen Ligularia dentata bekannt und wird im Volksmund als Straußligularie oder

Sternligularie bezeichnet. Die horstbildende Staude trägt herz- oder nierenförmige bis rundliche, mittelgrüne Blätter. Die Blüten, die von Juli bis September in breiten, flachen Trugdolden erscheinen, sind gelb bis orangerot. Die Pflanze wird 80 bis 150 cm hoch.

- LIGULARIA PRZEWALSKII: Diese Art ist auch unter dem Namen Kerzenligularie bekannt, denn ihre gelben Blüten stehen in schlanken, länglichen Blütenkerzen zusammen. Die Blütezeit liegt zwischen Juli und August. Ein weiteres Merkmal der Pflanze sind ihre tief handförmig eingebuchteten und zerteilten Blätter. Die Kerzenligularie erreicht eine Höhe von 100 bis 150 cm.

- LIGULARIA HESSEI: Die hellgelben Blüten dieser Art erscheinen von Juli bis August in kolbenartigen Blütenständen. Die Pflanze erreicht eine Höhe von etwa 180 cm.

Lilium

Lilie

Die Lilie gilt seit dem Altertum in vielen Kulturen als Symbol für Unschuld, Schönheit und Reinheit. Somit darf sie natürlich in keinem romantisch gestalteten Garten fehlen. Ähnlich wie die Rose wird auch die Lilie aufgrund ihrer wunderbaren Blüten und ihres herrlichen Duftes ganz besonders verehrt.

Als Zucht- und Schnittblume etablierte sich die Lilie erst in den 30er Jahren des 20. Jahrhunderts, als es großen Lilienzüchtern, wie zum Beispiel Jan de Graaf, gelang, mehrere Tausend Hybriden zu züchten. Dies ermöglichte es, die hinsichtlich ihrer Ansprüche gezügelten Lilien-Züchtungen auch im Garten zu halten.

Lilien fühlen sich generell an einem sonnigen, windgeschützten Standort besonders wohl. Es gibt allerdings auch Arten, die sich für halbschattige Plätze eignen. Die Pflanzen sollten regelmäßig gegossen werden, vertragen jedoch keine Staunässe. Daher sollte auf gute Dränage geachtet werden.

Je nach Art und Sorte bieten sich die Lilien für diverse Gestaltungsmöglichkeiten an. Ob in Gehölz- oder Wildblumengärten, zwischen Kräutern oder Sträuchern – überall werden sie zum Blickfang und locken überdies auch Bienen und Schmetterlinge an.

Lobelia

Lobelie

Das kleinwüchsige, blau blühende Männertreu ist wohl eine der bekanntesten Lobelien-Arten, und wird vor allem gern in Kübel oder auch Ampeln gepflanzt.

Die Gattung der Lobelien, die zur Familie der Glockenblumengewächse zählt, wurde nach dem flämischen Botaniker Matthias de L'Obel benannt. Die zahlreichen Arten werden besonders wegen ihrer leuchtend gefärbten Blüten geschätzt. Je nach Wuchshöhe und -form der verschiedenen Arten und Sorten sind die dekorativen Pflanzen vielseitig einsetzbar, ob in Rabatten, an Gewässerrändern oder auch als Beetbegrenzung.

Lobelia bevorzugt einen sonnigen bis halbschattigen Standort in humosem, tiefgründigem Boden. Sie sollte immer gleichmäßig feucht gehalten werden. Drei bekannte und dekorative Lobelien-Arten sollen hier vorgestellt werden:

10–90 cm

V–X

- LOBELIA CARDINALIS: Die auch als Kardinal-Lobelie bekannte Art ist eine Staude von aufrechtem Wuchs, die etwa 60 bis 90 cm Höhe erreicht. Die wechselständigen lanzettlichen bis elliptischen Blätter sind grün und oft bronzefarben überlaufen. Von Juni bis September trägt die Pflanze ihre strahlend scharlachroten Blüten in endständigen Trauben.

- LOBELIA ERINUS: Vom einjährigen Männertreu gibt es aufrecht wachsende sowie überhängende Sorten. Zwischen Mai und Oktober blühen sie mit sehr reichem Flor mit zierlichen weißen, rosafarbenen, violetten oder blauen Blüten. Die Pflanze wird etwa 10 bis 25 cm hoch. Aufrechte Sorten sind z.B. die azurblau blühende 'Cambridge Blue', die kornblumenblau blühende 'Kaiser Wilhelm' oder die weiß blühende 'Schneeball'. Als überhängende Sorten seien 'Pendula', 'Saphir' oder 'Hamburgia' genannt.

- LOBELIA FULGENS: Die Scharlachlobelie trägt ihre scharlachroten Blüten von Juni bis September. Sie besitzt lanzettliche, dunkelgrüne, oftmals rot überlaufene Blätter und wird etwa 45 bis 90 cm hoch.

Lotus

10–30 cm

IV–X

Hornklee

Wie kleine Flammen züngeln die bizarren Blüten des Hornklees aus dem feinnadeligen, silbrig glänzenden Laub – das macht diese Pflanze aus der Familie der Schmetterlingsblütler so attraktiv. Sie eignet sich vor allem als Ampelpflanze sowie für Balkonkästen, wird aber auch in Rabatten und Steingärten gepflanzt. Der flächig wachsende Hornklee bildet mit der Zeit an der Basis verholzende, herabhängende Triebe von bis zu 30 cm Länge.

Lotus (nicht zu verwechseln mit der Lotosblume, Lotos) benötigt einen hellen, sonnigen Standort und einen lockeren, humosen Boden. Er darf niemals austrocknen; von März bis September sollte gleichmäßig gegossen und wöchentlich gedüngt werden. Andererseits ist auch Staunässe zu vermeiden. Im Winter wird die mehrjährige, aber nicht frostharte Pflanze in ein helles, kühles Quartier (nicht über 10 °C) umgesiedelt und nur noch ganz sparsam gegossen.

Von den etwa 150 Hornklee-Arten sind einige besonders zu empfehlen. Lotus berthelotii besticht mit leuchtend scharlachroten Blüten von April bis Mai. Die gelben bis orangeroten oder kupferfarbenen Blüten des Lotus maculatus blühen von Mai bis Oktober. Lotus corniculatus zeigt seine gelben Blüten von Mai bis September; bei der Sorte 'Pleniflorus' sind die Blüten gefüllt.

Lupinus

40–120 cm

V–VIII

Lupine

Mit ihren stattlichen und üppig vollen Blütendolden sorgen die Lupinen für auffällige Farbeffekte und ein prächtiges Gesamtbild. Die Gattung mit über Hundert Arten zeichnet sich durch ein enormes Farbspektrum aus. Mit ihren besonderen Farben können diese Schmetterlingsblütler so eine geradezu märchenhafte Atmosphäre verbreiten.

Die Lupinenfamilie besteht aus Stauden und Einjährigen. Charakteristisch sind die zierlichen, fingerförmigen Blätter und die leicht duftenden Blüten, die etagenweise quirlartig in hohen Kerzen angeordnet sind. In der Höhe variieren die Lupinen je nach Art und Sorte zwischen 40 und 120 cm, wobei die Blütendolden bis zu 60 cm lang werden.

Besonders bekannt und beliebt sind die Russel-Hybriden, die kräftigsten winterharten Lupinen für den Ziergarten. Sie bilden schöne dichte Horste von hellgrünen Blättern und blühen von Mai bis Juli.

Als Standort empfiehlt sich ein Platz in Sonne oder Halbschatten. Die Pflanze gedeiht am besten in etwas saurem, lockerem Boden mit guter Dränage. Eine Besonderheit der Lupinen ist ihre Fähigkeit, Stickstoff aus der Luft in den Wurzeln zu sammeln. Dadurch reichern sie den Boden zusätzlich mit Dünger an.

Es gibt Lupinen in vielen verschiedenen Farbnuancen: Von Weiß über Gelb, Orange, Rot und Rosa bis hin zu Blau oder Violett, auch zweifarbig. Wenn man nach der ersten Blüte die Stiele vollständig zurückschneidet, so treiben die Pflanzen nochmals aus und bilden im Spätsommer einen zweiten, allerdings etwas schwächeren Blütenflor.

Lysimachia

5–100 cm

V–VIII

Gilbweiderich, Felberich

Lysimachia, auch als Gilbweiderich oder Felberich bekannt, ist eine Gattung mit etwa 150 verschiedenen Stauden und Sträuchern, die in Europa, Asien, Nordamerika und Südafrika heimisch sind. Dort findet man sie vorwiegend in feuchtem Grasland, in Gehölzen oder am Wasser.

Je nach Art und Sorte eignet sich die dekorative Pflanze für feuchte Rabatten, Sumpfgärten oder Teichränder sowie für Gehölz- oder Wildblumengärten; kleinere Exemplare sind auch hervorragende Bodendecker.

Die Pflanze bevorzugt einen sonnigen bis halbschattigen Standort und gedeiht am besten in feuchtem, aber wasserdurchlässigem, humosem Boden. Zwei bekannte Arten sollen im Folgenden kurz vorgestellt werden:

- LYSIMACHIA NUMMULARIA: Diese auch als Pfennig- oder Münzkraut bezeichnete Art ist eine sehr anspruchslose Pflanze, die mit ihren kleinen, runden Blättern schöne Polster bildet und eine Wuchshöhe von etwa 5 cm erreicht. Von Mai bis Juli zeigen sich die leuchtend gelben, becherförmigen Blüten. Eine bekannte Sorte ist „Aurea", die durch ihr goldgelbes Laub besonders attraktiv ist.

- LYSIMACHIA PUNCTATA: Diese Art wird Goldfelberich oder auch Punktierter Gilbweiderich genannt. Sie ist pflegeleicht sowie lang und reich blühend. Die aufrechte, weich behaarte Staude wird etwa 60 bis 100 cm hoch. Sie besitzt elliptische bis lanzettliche, dunkelgrüne Blätter und trägt ihre sehr dekorativen, dichten gelben Blütenrispen von Juni bis August. Da die Pflanze viele Ausläufer bildet und sich dadurch stark ausdehnt, sollte man sie nur auf größeren Flächen einsetzen, oder die Horste rechtzeitig teilen, um zu starkes Wuchern zu verhindern.

Mentha aquatica

20–60 cm

VI–X

Bachminze

Berührt man sie nur leicht mit den Fingern, so verbreitet sie den typischen Pfefferminzgeruch, den alle Minzearten gemein haben. Und mit ihren Blättchen lassen sich sommerliche Desserts oder frische Obsttorten köstlich garnieren.

Wer einen Teich oder anderes Gewässer in seinem Garten hat, sollte nicht auf die dekorative Bachminze verzichten, denn sie ist vielseitig einsetzbar und verschönert beispielsweise die Sumpfzonen von Teichen, Tümpeln oder langsam fließenden Gewässern. Genau an solchen Orten ist die Mentha aquatica, wie der lateinische Name schon vermuten lässt, in der freien Natur ebenfalls anzutreffen. Beheimatet ist sie ursprünglich in Europa, Asien und Afrika.

Die Ausläufer treibende Pflanze wird etwa 20 bis 60 cm hoch und trägt eiförmige bis elliptische Blätter. Diese sind dunkelgrün und manchmal rötlich-braun überlaufen. Die dekorativen Blüten, die sich zwischen Juni und Oktober zeigen, stehen in dichten, kugeligen Köpfen und können von hellvioletter bis rosavioletter Farbe sein. Da die Bachminze zum Wuchern neigt und sich schnell ausbreitet, sollte man ihre Ausläufer regelmäßig abstechen.

Die Pflanze bevorzugt einen feuchten bis nassen Standort in Sonne bis Halbschatten und kann sogar in flachem Wasser, das bis zu etwa 10 cm hoch sein darf, gedeihen.

Mimulus

Gauklerblume

20–50 cm

VI–VIII

Ihrer Verwandlungskunst verdankt die Gauklerblume ihren Namen: Ihre dekorativen Blüten zeigen sich in den verschiedensten Farbnuancen. Die ursprünglich in Nordamerika beheimatete Pflanze ist in der Natur an Ufern, Quellen und auf Feuchtwiesen zu finden. Sie fällt besonders durch ihre oft gefleckten oder gesprenkelten Blüten auf, die das buschige Laubwerk den ganzen Sommer hindurch einzeln oder in lockeren Trauben übersäen.

Mimulus fühlt sich auf feuchtem, humosem Boden besonders wohl, der auch im Sommer niemals austrocknen darf. Neben der Gelben Gauklerblume gibt es auch rote und blaue Arten. Die Pflanze bevorzugt sonnige Standorte, gedeiht normalerweise aber auch im Halbschatten. Mit ihren farbenprächtigen Blüten schmücken Gauklerblumen Beete und Rabatten ebenso wie Blumenkästen und Schalen auf Balkon oder Terrasse.

Sehr gut eignet sich die Gauklerblume auch für die Pflanzung an flachen Teichrändern, wobei die Wassertiefe allerdings nicht mehr als 5 bis 10 cm betragen sollte. Zwischen dem Grün von Gräsern wie zum Beispiel Simsen, Binsen oder Seggen stechen die leuchtenden Blüten besonders beeindruckend hervor. Empfehlenswert sind die neueren Mimulus-Hybriden, da sie früher und reicher blühen als ältere Sorten.

Muscari

10–30 cm

IV–V

Traubenhyazinthe, Perlhyazinthe

Im Gegensatz zu ihrem sehr zierlichen und zerbrechlich wirkenden Äußeren ist die Perlhyazinthe eine robuste und relativ anspruchslose Zierpflanze, die im romantischen Garten einen gern gesehenen Frühlingsboten darstellt.

Die Gattung Muscari umfasst etwa 30 verschiedene Arten von Zwiebelpflanzen mit fleischigen, in grundständigen Gruppen angeordneten Blättern, die mittel-, grau- oder blaugrün sein können. Zwischen April und Mai erscheinen die kleinen, meist blauen oder violetten Blüten in endständigen Trauben. Es gibt auch weiß blühende Sorten. Insgesamt wird die Pflanze zwischen 10 und 30 cm hoch.

An einem Standort in voller Sonne gedeiht die Perlhyazinthe am besten; sie verträgt aber auch Halbschatten. Besonders dekorativ wirken die bezaubernden Pflanzen zum Beispiel in kleinen oder größeren Gruppen auf Frühlingsbeeten oder am Gehölzrand. Bunte Farbspiele ergeben sich in Kombination mit anderen typischen Frühlingsblumen wie Narzissen, Primeln oder Tulpen. Eine besonders beliebte Art ist die Armenische Traubenhyazinthe (Muscari armeniacum). Sie trägt azurblaue, herrlich duftende Blüten.

Myosotis

VERGISSMEINNICHT

Von jeher symbolisiert das Vergissmeinnicht die Sehnsucht nach Treue und Beständigkeit; die bezaubernden Blüten der dekorativen Pflanze stehen für Liebe und Erinnerung.

Die verschiedenen Arten der Gattung Myosotis sind gruppen- oder mattenbildende Stauden mit wechselständig angeordneten, behaarten Blättern. Die meist blauen, manchmal auch rosafarbenen oder weißen Blüten erscheinen je nach Art und Sorte zwischen März und September.

Im Garten fühlt sich das Vergissmeinnicht an einem sonnigen bis halbschattigen Standort besonders wohl. Der Boden sollte unbedingt wasserdurchlässig sein. Drei sehr schöne und beliebte Myosotis-Arten sind:

- MYOSOTIS ALPESTRIS: Die auch als Alpenvergissmeinnicht bekannte, kurzlebige, gruppenbildende Staude trägt hell- bis sattgrüne Blätter und erscheint durch ihren buschigen Wuchs relativ kompakt. Die flachen, himmelblauen Blüten mit dem winzigen gelben Auge in der Mitte erscheinen zwischen Mai und September. Die Pflanze wird etwa 5 bis 20 cm hoch.

- MYOSOTIS PALUSTRIS: Diese Art eignet sich besonders für Feuchtzonen im Garten, zum Beispiel für Uferbepflanzung von Gartenteichen; daher auch der deutsche Name Sumpfvergissmeinnicht. Die aufrecht wachsende Staude kann bis zu 30 cm hoch werden und trägt stark behaarte, längliche Blätter. Von Mai bis September erscheint ein reicher Flor aus himmelblauen Blüten in traubenartigen Ständen.

- MYOSOTIS SYLVATICA: Diese Art wird auch als Waldvergissmeinnicht bezeichnet. Es handelt sich um eine büschelige, behaarte, meist zweijährig gehaltene Staude mit eiförmigen bis elliptischen oder lanzettlichen, graugrünen Blättern. Die Blüten erscheinen bereits ab März in Blau, Rosa oder Weiß. Die Pflanze wird etwa 15 bis 30 cm hoch.

5–30 cm

III–IX

Narcissus

10–45 cm

III–V

Narzisse

Narzissen, oft auch als Osterglocken bezeichnet, stehen ganz oben auf der Rangliste der schönsten und beliebtesten Frühjahrsboten. Und schon im ausgehenden 16. Jahrhundert, als sie gemeinsam mit Tulpen und Hyazinthen aus dem Orient zu uns kamen, waren sie von Bedeutung in der mitteleuropäischen Gartenkunst. Pate für den Namen dieser bezaubernden Pflanze stand der schöne Jüngling Narziss – er war der Sage nach in sein eigenes Spiegelbild verliebt und wurde später in die Blume verwandelt, die heute seinen Namen trägt.

Narzissen wachsen je nach Art und Sorte 10 bis 45 cm hoch. Ihre überwiegend gelben, manchmal auch weißen, rosafarbenen oder zweifarbigen Blüten stehen zumeist allein auf einem Stängel und erscheinen zwischen März und Mai.

Im Herbst setzt man die Zwiebeln in Gruppen 10 bis 15 cm tief in die Erde, oder man kauft im Frühjahr junge Pflanzen. Am besten gedeihen sie in sonniger bis halbschattiger Lage.

Wichtig ist es, die verwelkten Blüten zu entfernen, damit sie keine Samenstände bilden. Die Blätter sollten allerdings stehen bleiben, bis die Pflanzen eingezogen sind.

Nepeta

25–80 cm

VI–IX

KATZENMINZE

Auch Katzen sind Gartenliebhaber und haben sogar bestimmte Pflanzenvorlieben. So wurde schon im Mittelalter berichtet, dass die Katzenminze eine besonders verführerische Wirkung auf die Samtpfoten hat.

Beim menschlichen Gartenfreund ist sie besonders wegen ihrer langen Blütezeit beliebt. Zwischen Juni und September schmückt sie sich mit Ähren aus winzigen, zweilippigen Blüten in verschiedenen Blau- und Purpurtönen oder Weiß. Je nach Art und Sorte kann die Staude 25 bis 80 cm hoch werden; sie verströmt einen ausgesprochen aromatischen, manchmal leicht zitronigen Duft.

Die Gattung umfasst etwa 250 verschiedene Arten, die in gemäßigten Gebieten Europas, Asiens, Nordafrikas und den Bergen des tropischen Afrikas beheimatet sind.

Katzenminze wächst meist niedrig und häufig recht ausladend. Sie trägt kleine, eiförmige bis lanzettliche, gezähnte Blätter, die mehr oder weniger stark behaart sind und dadurch silbrig- bis graugrün wirken. Äußerst dekorativ wirkt sie als Nachbarpflanze von Rosen.

Nepeta liebt einen Standort in voller Sonne, kommt aber auch gut mit Halbschatten zurecht. Der Boden sollte gut durchlässig sein. Schneidet man die Pflanze nach der Blüte zurück, kann man einen zweiten Flor anregen. Die Katzenminze lockt nicht nur Katzen, sondern auch Bienen, Hummeln und Schmetterlinge an.

Ein Beispiel für eine sehr schöne Art ist Nepeta x faassenii. Die Pflanze bildet aufrechte bis ausladende, verzweigte Sprosse und trägt schmal eiförmige bis lanzettliche, silbrig graugrüne Blätter. Besonders attraktiv wirken ihre lavendelblauen Blüten. Mit 30 bis 45 cm Höhe bleibt die Art eher klein.

Nymphaea

20–250 cm

V–IX

SEEROSE

Die Königin unter den Wasserpflanzen gehört zu den bekanntesten und beliebtesten Vertretern der Wasserflora und darf in keinem romantisch angelegten Garten mit Teich fehlen. Von jeher hat die märchenhafte Pflanze die Menschen mit ihrer Eleganz und Anmut bezaubert und inspiriert. Ihre dekorativen Blüten und Schwimmblätter sind ein wunderschöner Blickfang und verwandeln jedes stehende Gewässer in ein prächtiges, oft auch angenehm duftendes Blütenmeer.

Alle Seerosen entfalten ihre herrliche Blütenpracht am besten an einem windgeschützten Standort in voller Sonne und ruhigem Wasser. Die meisten eignen sich eher für die tieferen Zonen von Gartenteichen, doch zwergwüchsige Exemplare lassen sich teilweise sogar im Flachwasserbereich einsetzen.

Die verschiedenen Seerosenarten und -sorten lassen sich wunderbar kombinieren, sodass malerische, bunte Blütenteppiche auf der Teichoberfläche entstehen. Das dichte Laub der Seerosen sollte allerdings nicht mehr als ein Drittel der Wasseroberfläche bedecken, sodass die Unterwasserpflanzen im Gartenteich noch genügend Licht erhalten.

Weltweit sind etwa 50 verschiedene Nymphaea-Arten verbreitet. Beliebte Arten sind beispielsweise:

- NYMPHAEA ALBA: Diese auch als Weiße Seerose bezeichnete Art ist ursprünglich in Europa, Asien und Nordafrika zu Hause. Wie der Name schon sagt, trägt sie weiße Blüten. Diese erscheinen zwischen Mai und September und duften sehr angenehm. Bei Sonnenlicht öffnen sie sich, sodass die goldgelben Staubgefäße zu sehen sind. Die lang gestielten, recht festen Schwimmblätter sind rundlich und dunkelgrün. Die Pflanze kann problemlos bis zu 200 cm tief im Wasser stehen.

- NYMPHAEA ODORATA: Diese Art wird wegen ihres angenehmen Geruchs auch Duftende Seerose genannt. Sie trägt ihre weißen, manchmal auch rosafarbenen oder gelben Blüten von Mai bis September. Sie sollte in einer Wassertiefe von etwa 40 bis 120 cm gepflanzt werden. Eine beliebte Sorte dieser Art ist 'Sulphurea' mit ihren schwefelgelben Blüten und goldgelben Staubblättern. Sie eignet sich für Wassertiefen von etwa 70 bis 100 cm.

- NYMPHAEA 'ESCARBOUCLE': Hierbei handelt es sich um eine sehr dekorative Zuchtform, deren karmin- bis rubinrote Blüten mit dunkelorangen Staubblättern und weißen, spitzigen Außenblättern von Juni bis September erscheinen. Die Sorte eignet sich für Wassertiefen von etwa 50 bis 100 cm.

- NYMPHAEA 'JAMES BRYDON': Diese Sorte ist ebenfalls eine Zuchtform. Zwischen Juni und September trägt sie kugelförmige, lebhaft rosa- bis scharlachrote Blüten mit orangefarbenen Staubblättern. Sie verträgt eine Wassertiefe ab 40 cm bis etwa 80 cm. Je niedriger der Wasserstand ist, umso stärker wächst sie in die Breite.

Osteospermum

20–40 cm

V–X

Kapkörbchen

Anmutig recken die Kapkörbchen ihre aparten Blüten der Sonne entgegen – doch sobald sich Wolken davor schieben, sich Regen ankündigt oder die Dämmerung einsetzt, schließen sie sich. Dies ist ein Charakteristikum der in der Blütenform an Margeriten erinnernden immergrünen Halbsträucher, Stauden und Einjährigen. Ursprünglich in Afrika beheimatet gibt es bei uns inzwischen viele Züchtungen.

Die Hybriden gibt es in Farbschattierungen von reinem Weiß über zarte bis kräftige Rosa-, Violett- und Purpurtöne bis hin zu leuchtenderen Farben wie Gelb oder inzwischen auch Rot. Die Stauden werden meist einjährig kultiviert und breiten sich zuweilen im Beet recht ungezügelt aus – dies kann durchaus wild-romantisch wirken. Die sattgrünen Blätter sind lanzettlich geformt, die Pflanze wird etwa 20 bis 40 cm hoch.

Am besten gedeiht das Kapkörbchen an einem sonnigen, vor Regen geschützten Standort in leichter und durchlässiger Erde. Nach der ersten Blüte im Mai/Juni legen die meisten Arten eine Blühpause von wenigen Wochen ein, bevor sie dann noch einmal ihre hübschen Blüten zeigen und bis in den späten Oktober für Farbtupfer im Romantikgarten sorgen. Um diese Blühfreude zu unterstützen, sollte man abgeblühte Stiele herausschneiden.

Pachysandra terminalis

15–20 cm

IV–V

DICKMÄNNCHEN, YSANDER

Die immergrünen oder halbimmergrünen Stauden und Halbsträucher der Gattung Pachysandra gehören zur Familie der Buchsbaumgewächse und sind ursprünglich in China und Japan beheimatet, wo man sie hauptsächlich in Wäldern antrifft.

Eine der bekanntesten, häufig in Gärten und Parks kultivierten Arten ist Pachysandra terminalis. Die immergrüne Staude besitzt glatte Sprosse, an deren Spitzen glänzend dunkelgrüne, verkehrt eiförmige, grob gesägte Blätter stehen. Etwa im April und Mai erscheinen die winzigen, weißen Blüten in endständigen Ähren.

Am besten gedeiht das Dickmännchen an einem schattigen oder halbschattigen Plätzchen. Die relativ pflegeleichte Pflanze stellt keine besonderen Ansprüche an den Boden und wächst eigentlich überall, wobei feuchte Böden von Vorteil sind.

Die sich ausbreitende Staude, die bei guten Standortbedingungen rasch große Flächen im Garten dicht bewuchert, wird gern als dekorativer Bodendecker eingesetzt. Sie eignet sich beispielsweise gut zur Begrünung der schattigeren Stellen im Garten, und wird so zum Beispiel gern unter Gehölze gepflanzt.

Paeonia

50–150 cm

V–VI

PFINGSTROSE

Alljährlich, wenn das Pfingstfest naht, kann man die eindrucksvolle Blütenpracht der Pfingstrose in den Gärten bewundern. Dann entfalten die atemberaubend schönen Pflanzen, die in der chinesischen Gartenkunst bereits vor über tausend Jahren kultiviert wurden, ihre zarten Blütenblätter in den herrlichsten Farben. Deshab darf die Pfingstrose eigentlich in keinem Romantikgarten fehlen.

Man unterscheidet staudige Paeonien, die im Herbst oberirdisch absterben und im Frühjahr wieder austreiben, und so genannte Strauch- oder Baumpaeonien mit ihren verholzenden Trieben.

Bei den staudigen Pfingstrosen sind vor allem zwei Arten zu nennen: Die Chinesischen Pfingstrosen (Paeonia-Lactiflora-Hybriden), auch Edelpfingstrosen genannt, die im Juni durch ihre pompösen Blütenbälle in den verschiedensten Rottönen, zartem Gelb oder strahlendem Weiß bestechen; und die Bauernpfingstrosen (Paeonia officinalis), deren blutrote oder zart rosafarbenen Blüten bereits Anfang Mai erscheinen. Beide sind verhältnismäßig robuste Gartenpflanzen.

Zudem gibt es noch die Gruppe der Paeonia-Suffruticosa-Hybriden, die als Strauch- oder Baumpaeonien bekannt sind. Mit ihren elegant geschnittenen Blättern und ihren imposanten Blüten stellen die bis zu 1,5 Meter hohen Büsche eine Attraktion in jedem Garten dar. Ungefüllte Sorten wirken leicht und anmutig, während die stark gefüllten Sorten ein nostalgisches, üppig-barockes Flair verströmen. Die Blüten präsentieren sich in seidigem Rosa, Weiß, Gelb, Violett oder glühendem Dunkelrot.

Pfingstrosen gedeihen am besten an einem etwas windgeschützten, sonnigen Standort mit nährstoffreichem, durchlässigem Lehmboden. Ideale Pflanzzeit ist in der Regel der Herbst, wobei die Wurzelstöcke nicht zu tief eingesetzt werden dürfen. Pfingstrosen können über Jahrzehnte am selben Ort wachsen. Man sollte sie möglichst lange an einem Standort stehen lassen, da dann der Blütenreichtum von Jahr zu Jahr zunimmt.

Papaver

20–90 cm

V–IX

Mohn

Der Gedanke an wilden Mohn an Feldrainen, zwischen Getreidehalmen oder Gräsern weckt romantische Gefühle und steht für Sommer, Sonne und Leichtigkeit. Der rote Klatschmohn (Papaver rhoeas), gehört zu den farbenprächtigsten Pflanzen, die die Natur hervorgebracht hat.

Die transparent wirkenden, seidig schimmernden Blüten, die ein wenig an zerknittertes Papier erinnern, sind ein typisches Merkmal der zierlichen Staude. Sie erscheinen zwischen April und September einzeln an den schlanken, behaarten Stängeln. Als Knospe noch nickend, richten sie sich in voller Blüte auf und leuchten je nach Art und Sorte in den Farben Rot, Rosa, Gelb, Weiß oder Orange. Die Blätter sind blaugrün, behaart und fiederteilig. Insgesamt wird die Pflanze 20 bis 90 cm hoch.

Am besten gedeiht Mohn in voller Sonne und in wasserdurchlässigem, frischem Boden. Neben dem „klassischen" Klatschmohn gibt es zahlreiche weitere Arten, mit denen sich wild-romantische Akzente im Garten setzen lassen:

- PAPAVER NUDICAULE: Diese auch Islandmohn genannte Art ist in den arktischen und subarktischen Gebieten Asiens und Nordamerikas zu finden. Sie wird etwa 20 bis 60 cm hoch und deckt mit ihren zwischen April und September erscheinenden Blüten in Orange, Gelb, Weiß, Rosa und Rot das gesamte Farbspektrum der Gattung Mohn ab.

- PAPAVER ORIENTALE: Diese Art wird auch Türkischer Mohn genannt. Er fällt besonders durch seine imposanten Blüten auf, die bei einigen Sorten bis zu 15 cm groß sein können. Die Blütezeit liegt zwischen Mai und Juni.

Auch hier bewegt sich das Farbenspektrum von Weiß über alle Schattierungen von Rosa, Orange bis Rot. Die Pflanze kann 50 bis 90 cm hoch werden.

- PAPAVER RHOEAS: Der bekannte Klatschmohn wird etwa 30 bis 90 cm hoch. Zwischen Mai und Juli trägt die Pflanze zarte, schalenförmige, leuchtendrote Blüten mit schwarzem Fleck in der Mitte.

Parthenocissus

Wilder Wein

600–1500 cm

VI–VIII

Wilder Wein, der – nicht nur alte – Mauern berankt und vor allem im Herbst für pächtige Farbspiele in Rot, Orange und Gelb sorgt, ist sehr effektvoll. Und so findet man ihn häufig auch an Pergolen oder Rankbögen. Unattraktive Fassaden z.B. von Gartenschuppen lassen sich mit Wildem Wein verschönern, und auch als schattenspendender Sichtschutz lässt er sich gut einsetzen.

Die auch als Jungfernrebe bezeichnete Pflanze bevorzugt einen sonnigen bis halbschattigen Standort. Sie wächst auf jedem Gartenboden und ist auch für schwere Kalkböden geeignet. Die selbstklimmende Schlingpflanze braucht keine Rankhilfe und klettert bis zu 15 Meter hoch und bis zu 10 Meter breit. Parthenocissus kann zwar zurückgeschnitten werden, seine Haftscheiben kleben jedoch so am Untergrund, dass er sich – z.B. von Fassaden – nicht spurlos entfernen lässt.

Die grünglänzenden Blätter des Wilden Weins, die sich im Herbst so wunderschön verfärben, sind je nach Art und Sorte meist drei- bis fünflappig oder gezahnt. Die weiß-grünlichen Blüten sind klein und unauffällig; aus ihnen reifen im Herbst blau-schwarze Trauben, die gern von Vögeln gefressen werden. Für den Menschen hingegen sind die Früchte des Wilden Weines ungenießbar.

Petunia

Petunie

Mit ihren auffälligen, bunten Blüten, bei denen das abwechslungsreiche Farbspektrum von Weiß und Gelb über Rosa, Lachs und Rot bis hin zu Purpur, Blau und Violett reicht, sorgen die dekorativen Petunien überall im Garten für fröhliche Akzente. Mittlerweile sind durch intensive Züchtung zahlreiche Hybriden entstanden, deren Farben- und Formenvielfalt nahezu unüberschaubar ist.

Alle Petunien haben klebrige Laubblätter, die allerdings unter der Blütenfülle beinahe verschwinden. Die attraktiven, trichterförmigen Blüten sind je nach Sorte einfach bis stark gefüllt, mit gekräuselten oder ausgefransten Rändern. Sie erscheinen zwischen Mai und Oktober.

Petunien bevorzugen einen sonnigen Standort. Es empfiehlt sich, die Pflanzen regelmäßig und reichlich zu gießen. Besonders an heißen Tagen dürfen sie nie ganz austrocknen. Wird Verblühtes immer wieder abgeknipst, bilden sich eher neue Knospen.

15–30 cm

V–IX

Hier ein kleiner Überblick über bekannte Petunien-Hybriden:

- GRANDIFLORA-F1-Hybriden: Diese Arten zählen zu den aufrecht wachsenden Petunien. Sie zeichnen sich durch besonders große Blüten aus, die aber bei Regen schnell leiden. Daher sollten die Pflanzen dieser Gruppe besser geschützt stehen. Sie werden etwa 20 bis 40 cm hoch.

- MULTIFLORA-F1-HYBRIDEN: Diese Petunien sind ebenfalls aufrecht wachsend. Sie sind etwas regenfester und vertragen schlechtes Wetter besser. Ihre Blüten sind kleiner, erscheinen dafür aber in größeren Mengen. Diese Hybriden eignen sich zum Beispiel sehr schön für Sommerbeete oder gemischte Rabatten.

- SURFINA-PETUNIEN: Diese robusten Arten der Hängepetunien werden besonders aufgrund ihrer Wetterfestigkeit und ihres starken Wuchses geschätzt. Die Pflanzen werden 15 bis 30 cm hoch, ihre mit Blüten übersäten Triebe können allerdings bis zu 150 cm lang sein. Die geradezu idealen Ampelpflanzen eignen sich auch als großflächige Bodendecker.

Phlox

5–120 cm

IV–IX

PHLOX

Phlox ist eine altgriechische Bezeichnung für „Flamme“ und stand im Volksmund Pate für den Namen „Flammenblume“. Auch wenn diese Stauden nicht in typischen Feuerfarben blühen, sondern in Lachs-, Rosa- bis Violetttönen

sowie Weiß, so könnte man von einem flammenden Blütenmeer sprechen, wenn der Phlox seine üppige Blütenpracht entfaltet.

Man unterscheidet bei dieser Staude zwischen niedrigwüchsigen, polsterbildenden oder aufrecht wachsenden Arten. Der so genannte Polsterphlox, Phlox subulata, bildet niedrige, bodendeckende Polster, die zwischen April und Mai blühen.

Die höheren, aufrecht wachsenden Arten wie Phlox drummondii, Phlox paniculata oder Phlox maculata sorgen für schöne Farbakzente in Rabatten oder Sommerblumenbeeten. Sommer-Phlox (Phlox paniculata), wird beispielsweise zwischen 60 und 120 cm hoch und blüht zwischen Juni und September. Zahlreiche kleine Einzelblüten bilden die fast kugelartigen Blütentrauben die, bei einigen Arten auch angenehm duftend, für leuchtende Farbspiele sorgen.

Phlox bevorzugt je nach Art und Sorte einen sonnigen bis halbschattigen Standort und gedeiht am besten in wasserdurchlässigem Boden.

Pontederia

60–100 cm

VI–IX

HECHTKRAUT

Die Arten der Gattung Pontederia sind ursprünglich in Nord-, Zentral- und Südamerika beheimatet, wo man sie in Sümpfen, Mooren und Flachwasserzonen antrifft.

Dementsprechend sollte auch der Standort im Romantikgarten gewählt werden. So empfiehlt sich zum Beispiel die Sumpfzone oder flaches Uferwasser von Teichen oder langsam fließenden Bächen, wo man mit dem reich blühenden Hechtkraut malerische Akzente setzen kann.

Eine besonders bekannte Art ist Pontederia cordata, das aufgrund seiner herzförmigen Blätter auch Herzförmiges Hechtkraut genannt wird. Seine auffälligen Scheinähren aus vielen kleinen, meist blauen Einzelblüten, die zwischen Juni und September zu bewundern sind, machen das Hechtkraut zu einer sehr beliebten Zierpflanze. Nicht minder attraktiv sind seine lang gestielten, herzförmig-lanzettlichen grünen Blätter. Pontederia cordata kann etwa 60 bis 100 cm hoch werden.

Das Hechtkraut fühlt sich an einem voll sonnigen Standort in fruchtbarem, lehmigem Boden besonders wohl, verträgt aber auch Halbschatten. Eine Wassertiefe von 15 bis 30 cm ist optimal für einen schönen Wuchs. In sehr kalten Wintern empfiehlt sich zusätzlicher Schutz oder frostfreie Überwinterung.

Potentilla

5–150 cm

IV–IX

Fingerkraut

Der deutsche Name Fingerkraut – manchmal auch Fünffingerkraut – geht auf die bei vielen Arten fünfzählig gefingerte Blattform zurück. Die Blätter der flach aufliegenden oder kleinbuschigen Stauden sind grün bis silbrig behaart und bieten den kleinen Blüten einen dekorativen Hintergrund.

Potentilla gehört zur Familie der Rosengewächse und kommt in einer Vielzahl von Arten vor. Die hübschen Blüten sind zwar recht klein, dies wird allerdings durch ihre überreiche Fülle und Farbenleuchtkraft ausgeglichen.

Beliebt ist das Fingerkraut zudem wegen der langen Blütezeit von April bis in den September hinein. Im Garten bevorzugt die Pflanze einen sonnigen Standort in wasserdurchlässigem Boden. Die strauchig wachsenden Arten eignen sich gut für Strauchrabatten oder niedrige Hecken. Die bunte Blütenpracht kommt auch vor Gehölzen sehr schön zur Geltung. Im Folgenden sollen einige schöne Arten kurz vorgestellt werden:

- POTENTILLA ALBA: Diese Art wird auch als Weißes Fingerkraut bezeichnet. Sie wird etwa 12 bis 25 cm hoch und trägt von April bis Juni weiße Blüten.

- POTENTILLA AUREA: Diese Pflanze blüht zwischen Mai und Juli gelb und wird etwa 5 bis 35 cm hoch. Eine schöne Sorte ist 'Goldklumpen'.

- POTENTILLA FRUTICOSA: Der bis zu 150 cm hohe Fingerstrauch trägt seine meist gelben, manchmal auch roten, orangefarbenen oder weißen Blüten zwischen Juni und September.

- POTENTILLA NITIDA: Diese Art wird auch als Dolomiten-Fingerkraut bezeichnet. Die Pflanze wird 5 bis 8 cm hoch und blüht von Juli bis September in Rosa.

Primula

5–90 cm

III–VII

Primel

Bei der Primel ist der Name Programm: Der Gattungsname Primula, abgeleitet vom Lateinischen prima (die Erste) in Verbindung mit dem Artnamen veris von Lateinisch ver (der Frühling) bezeichnet diesen Frühlingsboten eindeutig.

Besonders bekannt ist in dieser Sektion die gelbe Echte Schlüsselblume, die auch auf heimischen Wiesen wächst. Der Begriff Schlüsselblume bezieht sich dabei vermutlich auf den einem Schlüsselbund ähnlichen Blütenstand. Die fast unüberschaubare Gattung Primula umfasst mehr als 500 Arten.

Die zierlich und anmutig wirkenden Primeln wachsen überwiegend als so genannte Rosettenstauden. Aus der Rosettenmitte erheben sich die Blütenstiele. Sie tragen einzelne oder auch zu reichblütigen Ständen vereinte, röhren- bis tellerförmige Blüten. Je nach Art und Sorte erscheinen sie zwischen März und Juli. Primeln können zwischen 5 und 90 cm hoch wachsen.

Primeln bevorzugen einen sonnigen bis halbschattigen Standort. Einige Arten, wie zum Beispiel Primula japonica oder Primula vialii, gedeihen gut auf feuchterem Boden und eignen sich so für die Bepflanzung von Gewässerrändern. Andere wiederum sind schön in Rabatten oder Sommerbeeten, manche wachsen sogar in Felsspalten.

Pseudolysimachion

10–150 cm

V–IX

GROSSER KERZENEHRENPREIS

Vielen ist der Große Kerzenehrenpreis auch als „Veronica longifolia" bekannt. Da neuerdings aber die Ehrenpreis-Arten in der Botanik verschiedenen Gattungen zugeordnet werden, zählen die Arten mit den langen Blütenkerzen nun zur Gattung Pseudolysimachion. Trotzdem wird sich der schöne Name Veronica sicher nicht ganz verdrängen lassen.

Beim großen Kerzenehrenpreis handelt es sich um eine horstartig aufrecht wachsende Staude, die zwischen 60 und 120 cm hoch wird. Sie bezaubert durch ihr äußerst dekoratives, oft silbergraues Laub und ihre attraktiven, reich blühenden Blütenkerzen. Die Blätter sind lanzettlich und scharf gesägt. Etwa zwischen Mai und September erscheinen an verzweigten Ähren die kleinen mittelblauen – bei manchen Sorten auch dunkelblauen oder weißen – Blüten. Die Pflanze gedeiht am besten an einem warmen Platz auf gut durchlässigem, frischem bis feuchtem Boden.

Neben der Veronica longifolia gibt es zahlreiche andere Ehrenpreis-Arten, darunter auch niedrige, polsterartig wachsende. Alle Ehrenpreis-Arten wirken äußerst anziehend auf Insekten, häufig besonders auf Bienen.

Rhododendron

RHODODENDRON

Romantik und damit auch Sinnlichkeit im Garten sind vor allem mit drei Dingen verbunden: Blüte, Farbe und Duft. Rhododendren und Azaleen, die zu einer Gattung gehören, stehen vor allem für Farben- und Blütenpracht.

Wenn alte Rhododendren, oft meterhoch gewachsen, zur Blütezeit fast flächendeckend mit ihren roten, violetten oder rosafarbenen eleganten Blüten überzogen sind, schlagen die Herzen der Gartenliebhaber höher. Doch auch ver-

führerische Düfte können verschiedene Rhododendren in den Garten bringen – besonders die Azalea Pontica-Hybriden.

Die Vielzahl der Rhododendren lässt sich in verschiedene Gruppen einteilen: Die hochwüchigen, immergrünen Hybriden sind wohl die verbreitetsten, man kennt sie auch aus Parks. Sie können frei wachsende Hecken bilden, die den Garten optisch dekorativ abschließen. Mit den kleinwüchsigen, immergrünen Hybriden lassen sich lichte Bäume unterpflanzen oder auch Kübel schmücken. Bei den Azaleen unterscheidet man Sommergrüne von Japanischen, (halbimmergrün oder immergrün), die besonders reich blühen. Von Liebhabern geschätzt sind wilde Arten, die nicht immer robust und pflegeleicht sind.

Der Gärtnertipp

Rhododendron verlangt schattige Plätze und feuchte Böden. Eine wesentliche Voraussetzung für das gute Gedeihen dieser Pflanzen ist jedoch, dass die Erde am Standplatz sauer, das heißt kalkfrei ist. Deshalb pflanzt man Rhododendren in Löcher von etwa 30 cm Tiefe, der ausgehobene Boden wird 1:1 mit Torf vermischt. Die Pflanzen sind regelmäßig zu wässern.

- RHODODENDRON PRAECOX: Die Vorfrühlings-Alpenrose läutet den Reigen der Rhododendronblüte ein. Bei milder Witterung blüht sie manchmal schon im Februar, sonst von März bis April, mit leuchtend lilarosa Blüten. Der immergrüne Strauch wächst locker aufrecht und wird etwa 120 bis 150 cm hoch. Wichtig ist ein geschützter Standort: Die Blüten der an sich winterharten Art sind von Spätfrösten gefährdet und frieren schnell ab. Bei Spätfrostgefahr sollten die Pflanzen mit Folie oder Vlies geschützt werden.

- RHODODENDRON HIRSUTUM: Die Bewimperte Alpenrose wird nur 30 bis 100 cm hoch. Der reich verzweigte, rundliche Strauch besitzt dicht beblätterte, immergrüne Zweige. Die oberseits frischgrün glänzenden, unterseits mit Drüsenschuppen besetzten Laubblätter sind am Rand dicht bewimpert. Im Mai/Juni entfalten sich die zahlreichen, trichterförmig-glockigen Blüten. Sie sind purpurrosa, innen weißhaarig und stehen in drei- bis zehnblütigen Doldentrauben.

- AZALEA PONTICA-HYBRIDEN: Die auch Pontische Azaleen oder Duft-Azaleen genannten Hybriden zeichnen sich durch ihren Duft aus, der je nach Sorte von leicht und dezent bis kräftig süß variieren kann. Außerdem fallen sie im Herbst durch ihr auffallendes orangescharlachfarbenes Laub auf. Die Blüten erscheinen im Mai vor dem Austrieb, in Goldgelb- bis Orange-Tönen. Die Pontica-Hybriden-Sträucher werden bis 200 cm hoch.

Rudbeckia

30–100 cm

VI–X

Sonnenhut

Fröhlich und keck scheinen sich die Blüten des Sonnenhuts der Sonne entgegenzustrecken und deren Licht und Farbe widerzuspiegeln. Und so erinnern die gelben Blüten der Rudbeckia mit meist dunkler Mitte auch an kleine Sonnenblumen.

Die dicht buschig wachsende Staude steht natürlich am besten in voller Sonne und mag es warm; sie benötigt einen frischen, humosen und nährstoffreichen Boden. Die auffallenden gelben Blüten prädestinieren sie als Leitstaude für das Sommerbeet, wo sie 60 bis 100 cm hoch wächst.

Ein Beispiel für eine sehr schöne Sorte ist Rudbeckia sullivantii 'Goldsturm'. Die Pflanze besitzt verzweigte oder unverzweigte Stängel mit schmalen, eilanzettlichen, dunkelgrünen Laubblättern, die einen schönen Kontrast zu den großen, leuchtenden Blüten darstellen. Diese sind gelb mit dunkler Mitte und erscheinen zwischen Juli und September.

Rudbeckia hirta wird meist einjährig kultiviert und erreicht eine Höhe bis 100 cm; Rudbeckia nitida ist die größte Art und wächst wesentlich höher. Der so genannte Rote Sonnenhut wirkt zwar wie eine rot blühende Rudbeckia, zählt jedoch nicht zu dieser Gattung. Er gehört der Gattung Echinacea an.

Salvia

Salbei

Die allseits bekannteste Art des Salbeis ist sicher der Salvia officinalis, auch Gartensalbei genannt, eine der ältesten Heil- und Würzpflanzen. Salvia wurde bereits in der Antike als Heilmittel verwendet, was den botanischen Namen erklärt, der sich von „salvare", dem Wort für heilen oder retten, ableitet.

Bei der Salvia handelt es sich um eine Gattung mit vielen verschiedenen Arten, die weltweit in den gemäßigten und tropischen Breiten vorkommen. Die Pflanzen sind besonders in der Blütezeit sehr dekorativ und sorgen bei schönem Wetter mit ihrem aromatisch-würzigen Duft für mediterranes Flair.

Salbei bevorzugt einen sonnigen Standort und gedeiht gut in eher trockenem, lockerem, durchlässigem Boden. Sehr dekorativ wirkt die Pflanze in sonnigen Rabatten und Beeten oder auch in Wildblumengärten. Hier einige sehr schöne Arten:

- SALVIA FARINACEA: Der so genannte Mehlige Salbei oder Mehlsalbei trägt seinen Namen aufgrund seiner Stängel, die wie mit Mehl bestäubt wirken. Er trägt seine meist blau-violetten, manchmal auch weißen Blütenähren zwischen Juni und September und wird 60 bis 80 cm hoch.

- SALVIA NEMOROSA: Diese auch Waldsalbei genannte Art wird bis 50 cm hoch und besitzt blaue bis violette Blütenkerzen, die zwischen Juni und September erscheinen. Es gibt auch purpurne, rosafarbene oder weiße Sorten.

- SALVIA OFFICINALIS: Das als Gartensalbei bekannte Gewürzkraut ist mit seinen ausgesprochen dekorativen fliederfarbenen Blüten, die zwischen Juni und August erscheinen, auch eine schöne Zierpflanze, die etwa 30 bis 60 cm hoch wird.

- SALVIA SPLENDENS: Aufgrund der meist feuerroten Blüten, die zwischen Mai und September zu sehen sind, wird diese Art auch als Feuersalbei bezeichnet. Sie wird etwa 20 bis 40 cm hoch.

20–80 cm

V–IX

Saponaria

SEIFENKRAUT

Die dicht an dicht sitzenden kleinen, sternförmigen Blüten der Saponaria bilden zauberhafte Blütenteppiche, mit denen sich nicht nur Mauern romantisch verschönern lassen. Auch als Bodendecker eignet sich das Seifenkraut, wobei zu beachten ist, dass es sehr stark wuchert und deshalb ebenfalls wuchsstarke Pflanzennachbarn braucht.

Das Seifenkraut gehört zu den Nelkengewächsen und enthält so genannte Saponine, die in wässriger Lösung wie Seife schäumen. Auch der botanische Name leitet sich vom lateinischen Wort für Seife, „sapo“, ab. Das Seifenkraut wurde früher als Waschmittel benutzt. Zudem soll es eine medizinische Wirkung haben, Schleim in den Bronchien verflüssigen und dadurch bei Atemwegserkrankungen helfen.

Eine sehr bekannte und ausgesprochen dekorative Art ist das Rote Seifenkraut (Saponaria ocymoides). Seine meist niederliegenden, zierlich beblätterten Triebe bilden ausladende Teppiche, die etwa 10 bis 20 cm hoch werden. Die Blätter sind länglich bis nadelförmig. Besonders attraktiv wirkt das Seifenkraut während der Blüte von Mai bis Juli. Das Farbspektrum bewegt sich dabei im Bereich Rot oder Rosa, es gibt allerdings auch weiß blühende Sorten.

10–20 cm

V–VII

Nach der Blüte sollte man die anspruchslose Pflanze um etwa ein Drittel zurückschneiden.

Saxifraga

3–80 cm

III–IX

STEINBRECH

Saxifraga kommt in freier Natur hauptsächlich in Gebirgen vor. Dies hat dem Steinbrech womöglich seinen Namen eingebracht, denn vom Wuchsort in Felsspalten wurde – zu Unrecht – darauf geschlossen, die Pflanze würde Felsen sprengen. Eine weitere Namensdeutung ist die Verwendung als Heilmittel gegen Nieren- und Gallensteine.

Die Gattung umfasst eine unglaubliche Vielfalt an verschiedenen Arten und Sorten, die sich äußerlich, zum Beispiel hinsichtlich der Wuchs-, Blüten- und Blattform sowie in ihren jeweiligen Standortansprüchen und Blütezeiten unterscheiden.

Vorzugsweise findet der Steinbrech, seinem natürlichen Vorkommen entsprechend, im Steingarten als dekorativer Bodendecker Verwendung. Er eignet sich aber auch für Mauerfugen und Tröge, kann Tuffsteine überwachsen und Trockenmauern mit moosartigen Teppichen oder rosettenartigen Kissen begrünen. Auch im Winter bieten die mit Raureif überzogenen Rosettenpolster einen wunderschönen Anblick.

Die Pflanze bevorzugt einen humosen, teilweise mit Kalksteinen angereicherten Boden, ganz trockene Lagen sagen ihr nicht zu. Der Standort sollte absonnig sein, gegen pralle Mittagssonne ist der Steinbrech empfindlich.

Schizostylis coccinea

30–60 cm

IX–XI

Spaltgriffel

Die Gattung Schizostylis umfasst nur eine einzige Art, nämliche Schizostylis coccinea. Es handelt sich um eine rhizombildende Staude, die ursprünglich im südlichen Afrika beheimatet ist, wo man sie an Flussufern oder auf nassen Wiesen findet. Daher ist sie auch besonders für Gärten mit Teichen oder anderen Gewässern zu empfehlen. Der besondere Zierwert des Spaltgriffels liegt in den dekorativen, schön gefärbten Blüten, die erst spät im Jahr für Farbe im Garten sorgen, wenn andere Blumen bereits verblüht sind.

Schizostylis coccinea besitzt aufrechte, gekielte, schmale, schwertförmige Blätter. Zwischen September und November bilden sich die Ähren mit den weit becherförmigen, meist roten Blüten. Es gibt auch weiß oder rosa blühende Sorten. Insgesamt erreicht der Spaltgriffel eine Höhe von 30 bis 60 cm.

An einem Standort in voller Sonne und in fruchtbarem, feuchtem, aber wasserdurchlässigem Boden fühlt sich die Pflanze besonders wohl. Sie sollte immer feucht gehalten und vor kalten, austrocknenden Winden geschützt werden.

Schizostylis eignet sich besonders gut als Sumpf- und Uferpflanze sowie für die Flachwasserzonen von Gewässern. Außerdem liefert sie wunderbare Schnittblumen.

Scilla

10–30 cm

III–V

Blaustern

Blausterne sind im Frühling ein wahrlich entzückender Blickfang im Garten. Ihre blauen Blüten können entweder kontrastreiche Akzente z.B. neben Narzissen und Tulpen bilden, oder auch Ton in Ton z.B. mit kleinen Traubenhyazinthen harmonieren. Blausterne sind pflegeleicht und nahezu unverwüstlich – Eigenschaften, die sie zu ganz besonders beliebten Gewächsen machen.

Am besten gedeihen die Pflanzen an einem sonnigen bis halbschattigen Standort. Manche Arten kommen auch noch mit lichtem Schatten zurecht. Der Boden sollte frisch, durchlässig und humos sein. Die besonders vermehrungsfreudigen Sorten sollten in Randbereichen platziert werden, zum Beispiel im Prachtstaudenbeet oder am Gehölzrand. Hier zwei schöne Arten:

- SCILLA HISPANICA: Die Glockenscilla ist ursprünglich in Spanien und Portugal beheimatet. Ihre zahlreichen kleinen Blüten, die in pyramidalen Trauben an den kräftigen Stielen stehen, sind glockenförmig. Diese Art blüht meistens blau, es gibt aber auch lila, rosafarbene oder weiße Sorten. Die Blütezeit liegt etwa zwischen April und Mai. Äußerlich erinnert Scilla hispanica ein wenig an die Hyazinthe, weshalb sie manchmal auch als Hyacinthoides hispanica bezeichnet wird. Sie erreicht insgesamt eine Höhe von 20 bis 30 cm.

- SCILLA SIBIRICA: Diese Art ist von Russland bis zum Kaukasus und Kleinasien verbreitet und wird auch Sibirischer Blaustern oder einfach Blausternchen genannt. Ihre leuchtend blauen, sternförmigen Blüten sitzen auf etwa 15 cm hohen Blütenstielen und erscheinen zwischen März und April. Sie ist besonders wüchsig und kann durch Selbstaussaat große Flächen im Garten einnehmen. Es gibt allerdings Sorten, bei denen dieses Problem nicht besteht, weil sie sich nur durch Tochterzwiebeln vermehren, wie z.B. 'Spring Beauty'.

Sedum

5–30 cm

VI–IX

Fetthenne

Die Gattung Sedum, die im Volksmund auch als Fetthenne bezeichnet wird, ist von nahezu unüberschaubarer Arten- und Sortenvielfalt. Die unverwüstlichen Stauden kommen auch mit den ungünstigsten Bedingungen zurecht. So ertragen sie beispielsweise sehr starke Trockenheit, da ihre dickfleischigen Blätter Wasser speichern können. So ließe sich die Fetthenne sogar auch auf Dächern ansiedeln.

Die Pflanzen sind allerdings nicht nur wegen ihrer Pflegeleichtigkeit beliebt, sondern haben auch einen hohen Zierwert. Sie schmücken den Garten mit ihrem ausgesprochen schönen, oftmals farbenprächtigen Blattwerk und werden besonders im Sommer zu einer wahren Augenweide, wenn der Flor von unzähligen kleinen, sternförmigen Blüten in Gelb, Rosa, Rot oder Weiß erscheint. Je nach Art und Sorte wird Sedum etwa 5 bis 30 cm hoch.

Die Pflanze bevorzugt einen sonnigen, warmen Standort im Garten, sie kommt unter Umständen aber auch mit Halbschatten zurecht. Im Frühjahr empfiehlt sich ein Rückschnitt der abgeblühten Triebe, um die Pflanze in Form zu halten.

Schöne Arten sind beispielsweise der Mauerpfeffer (Sedum acre), die Goldfetthenne (Sedum floriferum) oder die Purpur-Fetthenne (Sedum telephium).

Syringa

200–600 cm

V–VI

Flieder

Die vielbesungenen wundervollen Blütenrispen des Flieders werden überall im Garten zu einem herrlichen Blickfang. Besonders beliebt ist die dekorative Pflanze aber auch wegen ihres betörenden Duftes. Wer diesen an den ersten warmen Frühlingsabenden genießen möchte, sollte den Flieder am besten nahe einer Sitzgelegenheit platzieren.

Die Gattung Syringa umfasst verschiedene Arten laubwerfender Sträucher und Bäume, die stattliche Höhen von 200 bis 600 cm erreichen können. Die Pflanze besitzt lanzettliche bis rundliche, gewöhnlich eiförmige Blätter. Die weißen, rosafarbenen, roten oder violetten Blüten erscheinen bei den meisten Arten zwischen Mai und Juni.

Am besten gedeiht der Flieder in voller Sonne, kommt unter Umständen aber auch mit Halbschatten zurecht. Der Boden sollte nach Möglichkeit nährstoffreich und wasserdurchlässig sein. Ob in Solitärstellung oder in Gruppen als blühende Hecke gepflanzt, im Hintergrund von Beeten oder am Gehölzrand – diese attraktive Pflanze ist bei der Gestaltung vor allem von romantischen Gärten sehr vielseitig einsetzbar.

Eine der bekanntesten Arten ist der Gewöhnliche Flieder, Syringa vulgaris, von dem eine Vielzahl von Hybriden mit noch üppigeren Blüten kultiviert wurden.

Thunbergia alata

Schwarzäugige Susanne

Die Schwarzäugige Susanne ist eine Schlingpflanze, deren meist auffällige dunkelbraune bis schwarze Blütenmitte Pate für ihren Namen stand. Besonders bekannt sind die leuchtend gelben Sorten mit schwarzem „Auge", inzwischen gibt es jedoch auch einige Züchtungen in rötlichen Farbtönen oder Weiß und zwar auch ohne die dunkle Mitte.

Die ursprünglich aus Ostafrika stammende Thunbergia alata ist in ihrer Heimat ein immergrüner Kletterstrauch. In unseren Breiten wird die Thunbergia jedoch meist einjährig gezogen. Ihre schlanken herzförmigen Blätter können einen regelrechten dichten „Teppich" bilden, auf dem sich die leuchtenden Blüten besonders gut abheben. Die Schwarzäugige Susanne blüht sehr dankbar von Mai bis Oktober. Bei Bedarf sollte sie mehrmals schwach nachgedüngt werden.

100–200 cm

V–X

Besonders wohl fühlt sich die Thunbergia alata an einem warmen, windgeschützten, vollsonnigen Standort in fruchtbarem, feuchtem, aber gut wasserdurchlässigem Boden. Die Pflanze eignet sich auch ausgezeichnet für die Kübelkultur. Sie sollte mäßig, aber regelmäßig gegossen werden.

Im Garten klettert die dekorative Thunbergia alata Rankgerüste und Spaliere empor, oder sie verschönert Hauswände und Zäune. Dabei sollte man frühzeitig für Kletterhilfe mit möglichst rauer Oberfläche sorgen.

Wird die Schwarzäugige Susanne ohne Klettermöglichkeit in Kästen oder Ampeln gepflanzt, lässt sie ihre Triebe nach unten hängen und wird zu einer attraktiven Hängepflanze.

Tiarella

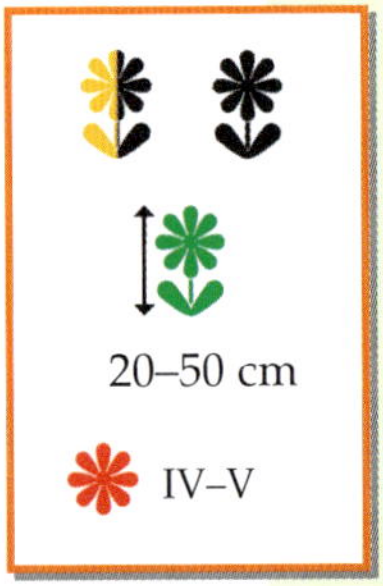

Schaumblüte

Zart und schaumartig überziehen im Frühjahr die cremeweißen Blütenkerzen der entsprechend benannten Schaumblüte das frische grüne Blattwerk. Die flachwurzelnde Schattenstaude bildet dünne Ausläufer, breitet sich flächig aus und eignet sich hervorragend zum Unterpflanzen von lichten Gehölzen.

Ihre breiten, eiförmigen, drei- bis fünffach gelappten Blätter zeigen häufig eine bräunliche Zeichnung und verfärben sich im Herbst rötlich. Die hellen Blüten stehen an endständigen Trauben und überragen an bis zu 50 cm langen Stielen das mit etwa 20 cm niedrig wachsende Blattwerk.

Alle Arten der Tiarella blühen im Frühjahr zwischen April und Juni. Später bildet die Pflanze Kapselfrüchte aus, die wenige, glatte schwarze Samen enthalten. Einige der Schaumblüten-Arten sind immergrün, bei anderen sterben die oberirdischen Pflanzteile im Winter ab. Von der Kleinstaude gibt es zahlreiche Hybriden, die sich in der Intensität der Blütenfarbe sowie in Form und Zeichnung der Blätter unterscheiden.

Bekannte Arten sind die cremeweiß blühende Tiarella cordifolia, auch Herzblattschaumblüte genannt, sowie Tiarella wherryi. Letztere wächst horstartig, zeigt rosa-weiße, duftende Blüten und smaragdgrüne Blätter, die bräunlich gefleckt sind.

Tropaeolum

25–300 cm

VII–X

Kapuzinerkresse

Da die Blätter der Kapuzinerkresse in ihrer Form an einen Schild erinnern, ist es wohl zu der botanischen Bezeichnung Tropaeolum gekommen. Dahinter verbirgt sich das lateinische Wort tropaeum, worunter man einen mit Waffen behängten Baum, also ein Siegeszeichen, verstand. Der deutsche Name Kapuzinerkresse ist darauf zurückzuführen, dass der Blütensporn an die Kapuzen der Mönchskleidung erinnert.

Die Pflanze fühlt sich an einem warmen, geschützten Standort in Sonne bis Halbschatten besonders wohl. Sie sollte immer gleichmäßig feucht gehalten und besonders an heißen Sommertagen reichlich gegossen werden. Es empfiehlt sich, mit Dünger eher sparsam umzugehen, da sonst die Gefahr besteht, dass sich mehr Blätter als Blüten bilden.

Je nach Art und Sorte ist Kapuzinerkresse bei der Gartengestaltung vielseitig einsetzbar. Niedrigere Sorten sind dekorativ als Bodendecker auf Rabatten oder Beeten einsetzbar. Außerdem eignen sie sich für die Bepflanzung von Kästen oder Kübeln, wobei zum Beispiel Petunien oder Pelargonien attraktive Begleitpflanzen darstellen. Die kletternden oder rankenden Arten und Sorten brauchen Kletterhilfen in Form von Spalieren, Drähten, Pergolen oder Zäunen. So sorgen sie für dekorative Hintergrundbegrünung. Im Folgenden sollen einige bekannte und beliebte Arten und Sorten kurz vorgestellt werden:

- TROPAEOLUM MAJUS: Diese auch als Große Kapuzinerkresse bekannte Art trägt ihre schildförmigen, beinahe runden, bläulich grünen Laubblätter an langen Stielen. Zwischen Juli und Oktober erscheinen die großen, duftenden Blüten, die in Gelb, Orange oder Rot erstrahlen. Sie sind nicht nur dekorativ, sondern tatsächlich auch essbar. Man kann sie als Dekoration für verschiedene Speisen, wie zum Beispiel Salate, Rohkost oder Quark verwenden.

- TROPAEOLUM PEREGRINUM: Man kennt diese Art auch unter dem Namen Kletternde Kapuzinerkresse oder Kanarische Kresse. Die einjährige, sehr schnell wachsende Kletterpflanze besitzt kahle Stängel mit zierlichen, handförmig gelappten, frischgrünen Blättern. Dekorativ wirken die zahlreichen kleinen, gefransten Blüten mit hakenförmig umgebogenem Sporn. Sie erstrahlen in frischem Zitronengelb.

- TROPAEOLUM TUBEROSUM: Diese knollenbildende Art besitzt graugrüne, handförmige Blätter. Im September trägt sie kleine, orangerote, rötlich gespornte Blüten.

Tulipa

Tulpe

Heute läuten sie in fast jedem Garten den Frühling ein – vor 350 Jahren waren sie ein Zeichen für Reichtum und höchste Kultur. So stand die Tulpe ganz oben auf der Rangliste wertvoller Blumen, die Louis XIV. im 17. Jahrhundert anlegen ließ. Der „Sonnenkönig" hätte auch als „Blumenkönig" in die Geschichte eingehen können – spielten frische Blumen doch eine wesentliche Rolle bei seiner Zurschaustellung von Pracht und Reichtum. So sollen sich auf Festen seine Hofdamen Tulpenblüten ins Dekolletee gesteckt haben, um ihren Wohlstand zu demonstrieren.

Auch heute gibt es wunderschöne, durchaus kostbare Tulpen, mit denen sich der Garten auf vielfältigste Weise geradezu verzaubern lässt. Die verschiedenen Arten und Hybriden zeichnen sich durch unterschiedliche Wuchshöhe, Blütenformen und -farben aus; das Angebot ist so umfangreich, dass man oft vor der Qual der Wahl steht.

Tulpen lassen sich in drei größere Gruppen einteilen, mit den Gartentulpen als größte Gruppe – hier handelt es sich um reine Kulturpflanzen. Im Gegensatz dazu stehen die reinen Wildtulpen, also natürlich vorkommende Arten.

Daneben gibt es als dritte Gruppe so genannte botanische Tulpen, also Hybridformen bestimmter Wildarten.

Für den romantisch anmutenden Garten bieten sich besonders auffällige Gartentulpen an wie: Paeonienblütige, (pfingstrosenartige Blüten), Lilienblütige (spitz zulaufende, nach außen gekrempelte Blüten) oder Rembrandt-Tulpen (in mehreren Farben changierende Blüten). Wer es wild-romantisch mag, ist mit botanischen Tulpen gut beraten. Besonders apart sind die häufig in sanften Farben blühenden niedrigen Sorten. Die sechsblättrigen Blütenkelche öffnen sich sternförmig und kommen in kleinen Gruppen am besten zur Geltung.

Verbascum

20–200 cm

VI–IX

Königskerze

Um unsere größte heimische Blume, die Königskerze, machten sich schon die Menschen in der Antike Gedanken: So wusste bereits Hippokrates um ihre heilende Wirkung und später schrieb auch Hildegard von Bingen der prächtigen Blume heilende Wirkung bei schwachem und traurigem Herzen zu. Majestätisch wächst Verbascum kerzengerade bis zu 2 Meter nach oben und zeigt auf einem Großteil ihrer Höhe leuchtendgelbe Blüten, die mit ihrem Duft Schmetterlinge, Bienen und Hummeln anlocken.

Diese Pflanze gehört zu den Zweijährigen. Im ersten Jahr bildet sie eine Blattrosette mit graugrünen, samtigweichen Blättern. Im Folgejahr schiebt sich ein Stängel aus der Rosette, der sich nicht oder nur wenig verzweigt und die Blüten trägt. Diese blühen von Juni bis September von unten nach oben allmählich auf. Manche Arten blühen auch noch einen zweiten oder dritten Sommer, wenn der Standort sonnig und der Boden mager ist. Sie zählen deshalb zu den kurzlebigen Stauden.

Ob in Naturgärten, zwischen Stauden oder in Solitärstellung – die imposante Königskerze wird überall im Garten zu einem attraktiven Blickfang, vor allem auch im Romantikgarten. Mit ihrer immergrünen Blattrosette ist diese robuste und anpassungsfähige Pflanze selbst im Winter dekorativ.

Die Auswahl beschränkt sich nicht mehr nur auf gelbe Blüten. Durch Züchtung sind mittlerweile auch rote, weiße, rosa-, violett- oder lachsfarbene Arten entstanden. Auch die Wuchsformen variieren zwischen verzweigten und geraden Blütenständen, dichten und feingliedrigen Ähren sowie unterschiedlich hohen Arten.

Die Königskerze und die Mutter Gottes

Einem alten Brauch zufolge werden in Bayern um Mariä Himmelfahrt „Kräuterbuschen" aus mindestens sieben Heilkräutern gebunden. Im Stall oder an anderer Stelle aufgehängt sollen sie vor Krankheiten und Unwettern schützen. Die Königskerze wird als Symbol für die Jungfrau Maria in der Mitte des Kräuterbuschens platziert.

Verbena

5–140 cm

VI–X

Eisenkraut

Der deutsche Name Eisenkraut entstand aus dem früheren Glauben heraus, dass die Pflanze das beste Mittel gegen Verwundungen durch eiserne Waffen sei. Heutzutage ist sie eine beliebte Zierpflanze, die besonders aufgrund ihrer langen Blütezeit geschätzt wird.

Um seine Blütenpracht voll entfalten zu können, benötigt das Eisenkraut einen warmen, sonnigen Standort in durchlässiger Erde. Es sollte regelmäßig gegossen werden, verträgt aber keine Staunässe. Entfernen der verwelkten Blüten sorgt für lang anhaltenden Flor.

Mittlerweile ist ein großes Sortiment an Arten, Sorten und Hybriden erhältlich. Die verschiedenen Pflanzen unterscheiden sich vor allem in Blütenform und -farbe sowie Wuchsart und -höhe. Im Garten eignen sich die dekorativen Pflanzen sehr schön für Beete, Rabatten und Randbepflanzungen. Hier einige Beispiele für dekorative Verbena-Arten:

- VERBENA BONARIENSIS: Diese auch als Patagonisches Eisenkraut bekannte Art beeindruckt besonders durch ihre kleinen, dicht gefüllten, fliederfarbenen

Blütenkugeln. Sie wird etwa 80 bis 140 cm hoch, nimmt aber trotz ihrer Höhe wenig Raum ein, denn da sie kein Laubwerk hat, wirkt sie durchscheinend und luftig.

- VERBENA CANADENSIS: Diese Pflanze trägt purpurfarbene oder weiße Blüten in dichten doldenartigen Blütenständen. Sie besitzt frischgrüne, tief gelappte Laubblätter und erreicht eine Höhe von 20 bis 40 cm.

- VERBENA RIGIDA: Hierbei handelt es sich um eine besonders wetterfeste Art. Sie trägt unregelmäßig gekerbte Blätter und fliederfarbene bis violette Blüten in endständigen Köpfchen und wird 20 bis 35 cm hoch. Die dekorativen Blüten passen gut zu denen von Lavendel oder Salbei.

- VERBENA TENERA: Diese Art stand Pate für eine Reihe von Hybriden, die unter der Bezeichnung Hänge-Verbenen laufen. Sie sind von kriechendem Wuchs und lassen ihre Triebe, die bis zu 90 cm lang werden können, locker überhängen. An Höhe erreichen diese auch gut für Ampelbepflanzung geeigneten Hybriden etwa 5 bis 25 cm.

Viola

Veilchen

Das bezaubernde Veilchen wurde von vielen Dichtern besungen und die Verse rund um das zarte Pflänzchen zieren so manches Poesiealbum. Unter den Blumen, die Romantik symbolisieren, gehört Viola sicher zu den beliebtesten und wird wohl nur noch von der Rose übertroffen. Zur Gattung der Violaceae gehören etwa 500 Arten; darunter die „odorata" – die duftenden, die von Parfumeuren als Duftessenz geschätzt werden.

Auffälliges Merkmal aller Arten sind die typischen Blüten, die aus fünf Segmenten bestehen und an einem langen Stiel sitzen. Vorherrschende Blütenfarben sind Violett, Weiß und Gelb. Das mittlere, untere Blütenblatt zeigt oft eine dunklere Zeichnung. Die als Gartenpflanzen bekannten Veilchen sind übrigens aus zahlreichen Kreuzungen hervorgegangen.

10–25 cm

III–VII
X–XI

Drei Arten aus der großen Veilchen-Familie werden im Folgenden vorgestellt:

- VIOLA CORNUTA: Die kleinen Hornveilchen sind unermüdliche Blüher mit einer schier unerschöpflichen Farbpalette. Nach langer Blütezeit (Mai bis Juli) kann das Hornveilchen im Herbst sogar noch einmal blühen, wenn man es nach der Blüte zurückschneidet; außerdem bleibt die Pflanze dann kompakter. Sie gedeiht an sonnigen und halbschattigen Standorten und kann auch Trockenzeiten recht gut vertragen.

- VIOLA WITTROCKIANA: Die Gartenstiefmütterchen erfreuen bereits ab März mit ihrer bunten Blütenpracht. Die Pflanze bevorzugt einen sonnigen Standort und nährstoffreichen, lockeren Boden. Die Gartenstiefmütterchen werden gerne mit Tulpen, Narzissen, Hyazinthen und anderen Frühjahrsblühern kombiniert.

- VIOLA ODORATA: Die Duftveilchen, auch März- oder Frühlingsveilchen, sind immergrün und blühen im März/April veilchenblau. Sie duften intensiv und erreichen eine Höhe von etwa 10 cm.

Wisteria

400–1500 cm

IV–VI

Blauregen

Die Begrünung von Wänden, Zäunen oder Mauern sowie Pergolen oder Lauben mit wunderbaren, üppig wuchernden, im besten Fall noch herrlich duftenden Blühpflanzen zaubert romantische Stimmung in jeden Garten. Eine sehr dekorative und besonders schnell wachsende Kletterpflanze ist der Blauregen, der in der asiatischen Gartenkunst schon seit Jahrhunderten eingesetzt wird. Mit seinen imposanten, hängenden Blütenkaskaden wird er überall zum malerischen Blickfang.

Die verschiedenen Wisteria-Arten sind allesamt robuste, laubwerfende Schlingpflanzen, die stattliche Wuchshöhen von bis zu 15 Meter erreichen können. Sie besitzen sehr attraktive, wechselständig angeordnete, gefiederte dunkel- bis hellgrüne Blätter, die bis zu 35 cm lang sind.

Der besondere Zierwert der Pflanzen liegt in den großen, herrlich duftenden Blüten, die zwischen April und Juni in hängenden Trauben erscheinen und später zu bohnenartigen Hülsen heranreifen. Wie der deutsche Name schon andeutet, sind die Blüten des Blauregens meist blau, es gibt aber auch weiße, rosafarbene und violette Sorten.

Am besten gedeiht Wisteria an einem geschützten, sonnigen bis halbschattigen Standort und in nährstoffreichem, feuchtem, aber gut wasserdurchlässigem Boden. So kann sie allerdings Rankgerüste schnell überwachsen. Daher empfiehlt es sich unbedingt, für stabile, möglichst frei stehende Rankhilfen zu sorgen, die auf die Wuchshöhe und die ausladende Wuchsbreite abgestimmt sind und das Gewicht des Blauregens auch nach Jahren noch tragen können.

Vorsicht ist bei der Bepflanzung von Regenrohren geboten, denn sie könnten eingedrückt werden. Ebenso können die Triebe der stark wuchernden Pflanze die Bausubstanz eines Hauses schädigen oder schadhaftes Mauerwerk sprengen.

Register der lateinischen Namen

Register der deutschen Namen

Bildquellen

Alle Fotos: Medien Kommunikation, Unna

Fotografen: Hermann Hackstein, Gisela Hinkerode, Raphael Pehle, Jürgen Schossig und Yara Hackstein

Mitarbeit: Yara Hackstein, Carola Struck, Beate Engelmann, Mathias Hinkerode und Dietrich Löbbecke